铸牢
中华民族共同体意识

任初轩◎编

人民日报出版社

北京

图书在版编目 (CIP) 数据

铸牢中华民族共同体意识 / 任初轩编 . –– 北京： 人民
日报出版社 , 2024. 11. –– ISBN 978–7–5115–8484–7

Ⅰ . C955.2

中国国家版本馆 CIP 数据核字第 20246JL184 号

书　　名：铸牢中华民族共同体意识
　　　　　ZHULAO ZHONGHUA MINZU GONGTONGTI YISHI
编　　者：任初轩

出 版 人：刘华新
策 划 人：欧阳辉
责任编辑：毕春月　　刘思捷

出版发行：人民日报出版社
社　　址：北京金台西路 2 号
邮政编码：100733
发行热线：（010）65369509　65369527　65369846　65363528
邮购热线：（010）65363531　65363527
编辑热线：（010）65369521
网　　址：www.peopledailypress.com
经　　销：新华书店
印　　刷：大厂回族自治县彩虹印刷有限公司
法律顾问：北京科宇律师事务所　　（010）83622312

开　　本：710 毫米 ×1000 毫米　1/16
字　　数：164 千字
印　　张：14.75
版次印次：2025 年 1 月第 1 版　　2025 年 7 月第 3 次印刷

书　　号：ISBN 978–7–5115–8484–7
定　　价：48.00 元

如有印装质量问题，请与本社调换，电话：（010）65369463

目　录

思想平台

理论茶座

目　录

实践园地

思想平台

坚守"统一性"，铸牢中华民族共同体意识

人民日报评论部

"晋归义羌王"和"晋归义羌侯"金印，隋代胡人吃饼骑驼俑，宋大理国银鎏金镶珠金翅鸟像，元代八思巴文虎符圆牌……在故宫博物院"何以中国"特展上，一系列国宝级文物璀璨夺目，反映了各民族共同书写中国历史、创造中华文化的历程，展现了中华文明"多元一体、兼容并蓄、绵延不断"的总体特征，让观众在与历史的对话中，深切感受华夏大地"何以中国"、中华民族何以伟大、中华文明何以不朽，产生了令人难以忘记的效果。

文化认同是最深层次的认同，是民族团结之根、民族和睦之魂。在文化传承发展座谈会上，习近平总书记深刻指出："中华文明的统一性，从根本上决定了中华民族各民族文化融为一体、即使遭遇重大挫折也牢固凝聚，决定了国土不可分、国家不可乱、民族不可散、

文明不可断的共同信念，决定了国家统一永远是中国核心利益的核心，决定了一个坚强统一的国家是各族人民的命运所系。"从历史到现在，中华民族各民族文化深深植根于中华文明绵延不绝的深厚底蕴、灿烂辉煌的文化沃土，在交流交往交融中构筑起中华民族共有精神家园，使各民族人心归聚、精神相依，形成了人心凝聚、团结奋进的强大精神纽带。

一部中国史，就是一部各民族交融汇聚成多元一体中华民族的历史，就是各民族共同缔造、发展、巩固统一的伟大祖国的历史。描绘在布达拉宫白宫门庭内的壁画，表现了文成公主进藏的盛况，展示了汉藏民族交流交往交融的历史性的一幕；出土于新疆和田地区的"五星出东方利中国"汉代织锦护臂，印证中原王朝和西域地区的联络交往；红军长征途中的"彝海结盟"，留下民族团结的佳话……在漫长的历史长河中，具有伟大团结精神的中国人民始终团结一心、同舟共济，建立了统一的多民族国家，发展了56个民族多元一体、交织交融的融洽民族关系，形成了守望相助的中华民族大家庭，共同开发了祖国的锦绣河山、广袤疆域，共同创造了悠久的中国历史、灿烂的中华文化。正是在你来我往、交流交融中，各民族人民的前途命运聚在了一起、文化基因汇到了一起，为文明的延续、国家的统一注入源源不断的力量。

各民族共同团结进步、共同繁荣发展是中华民族的生命所在、力量所在、希望所在。修订制定法律法规，制定政策规划，实施重大文化工程，举办重大文化活动，积极搭建各具特色的节庆民俗、展览展演、文化旅游等平台……党的十八大以来，以习近平同志为核心的党中央以铸牢中华民族共同体意识为主线，推动民族团结进步事业取得了新的历史性成就，各族人民对伟大祖国、中华民族、中华文化、中国共产党、中国特色社会主义的认同达到了前所未有的高度。今天，多元一体的中华民族大家庭，同心同德、同心同向的全国各族人民，正在书写中华民族一家亲、同心共筑中国梦的崭新篇章。各民族文化这个"多元"凝聚出中华文化这个"一体"，中华文化这个"一体"又引领着各民族文化这个"多元"，交融出更好服务于中华民族伟大复兴的共同文化元素，在新时代新征程上迸发出更加持久饱满的精神伟力。

团结就是力量，团结才能前进。习近平总书记强调："加强中华民族大团结，长远和根本的是增强文化认同，建设各民族共有精神家园，积极培养中华民族共同体意识。"各族文化交相辉映，中华文化历久弥新，这是今天我们强大文化自信的根源。前进道路上，我们要正确把握中华文化和各民族文化的关系。各民族优秀传统文化都是中华文化的组成部分，中华文化是主干，各民族文化是枝叶，根深干壮才能枝繁叶茂，要推动各民族文化的传承保护和创新交融，树立和突出各民族共享的中华文化符号和中华民族形象，增强各族群众对中华文化的认同。前进道路上，我们要正确把握物质和精神的关系，要赋予所有改革发展以彰显中华民族共同体意识的意义，以维护统一、反对分裂的意义，以改善民生、凝聚人心的意义，让中华民族共同体牢不可破。坚持共同团结奋斗、共同繁荣发展，促进各民族像石榴籽一样紧紧拥抱在一起，才能共创中华民族的美好未来，共享民族复兴的伟大荣光。

2021 年 7 月，习近平总书记在西藏考察时，步行察看八廓街风貌，感慨地说："千年八廓街，是我们各民族建起来的八廓街。各民族文化在这里交流交往交融，我们中华民族的大家庭在这里其乐融融。"这里承载着各民族文化交流交往交融的深厚历史，也昭示着"我们是一个中华民族共同体，要同舟共济迈向第二个百年奋斗目标"。在强国建设、民族复兴新征程上，深刻把握中华文明具有的突出的统一性，不断增强中华民族的归属感、认同感、尊严感、荣誉感，我们定能推动中华民族走向包容性更强、凝聚力更大的命运共同体，铸就中华文化新辉煌。

《人民日报》2023 年 6 月 16 日第 5 版

始终坚持中国特色解决民族问题的正确道路

人民日报评论员

民族团结是我国各族人民的生命线。在喜迎中华人民共和国 75 周年华诞之际，全国民族团结进步表彰大会在北京隆重召开。

习近平总书记出席大会并发表重要讲话，全面总结了新中国成立 75 年来特别是新时代以来我国民族团结进步事业取得的伟大成就，深刻揭示了中华民族共同体意识形成和发展的根脉和魂脉，明确提出了新时代新征程铸牢中华民族共同体意识、推进中华民族共同体建设的总体要求。习近平总书记的重要讲话思想深邃、视野宏阔，是推动中华民族共同体建设的纲领性文献。

我们党自成立之日起，就高度重视民族问题、民族工作，正确处理民族关系。新中国成立后，党确立了以民族平等、民族团结、民族区域自治、各民族共同繁荣为主要内容的民族理论和民族工作方针政策，各民族在社会主义制度下实现了真正意义上的平等团结进步。党的十八大以来，以习近平同志为核心的党中央紧紧围绕铸牢中华民族共同体意识这条主线，谋划部署新时代党的民族工作。420个位于民族自治地方的贫困县全部脱贫摘帽，28个人口较少民族全部实现整族脱贫，民族地区同全国一道打赢脱贫攻坚战、全面建成小康社会，迈上全面建设社会主义现代化国家新征程，我国少数民族面貌、民族地区面貌、民族关系面貌、中华民族面貌发生了翻天覆地的历史性巨变。

回顾党的一百多年历程，党的民族工作取得的最大成就，就是坚持把马克思主义民族理论同中国民族问题具体实际相结合、同中华优秀传统文化相结合，创造性地走出了一条中国特色解决民族问题的正确道路。在这条道路上，党团结带领全国各族人民实现了民族独立和人民解放，开创了发展各民族平等团结互助和谐关系的新局面，推动民族地区经济社会发展和少数民族群众生活取得前所未有的进步。历史和实践充分证明，只有中国共产党才能实现中华民族的大团结，只有中国特色社会主义才能凝聚各民族、发展各民族、繁荣各民族，中国特色解决民族问题的道路是完全正确的。

强调中华民族大家庭、中华民族共同体、铸牢中华民族共同体意识、推进中华民族共同体建设等理念，鲜明提出把铸牢中华民族共同体意识作为新时代党的民族工作主线、民族地区各项工作的主线……党的十八大以来，以习近平同志为核心的党中央既一脉相承又与时俱进贯彻党的民族理论和民族政策，进一步拓展中国特色解决民族问题的正确道路，形成了习近平总书记关于加强和改进民族工作的重要思想。这一重要思想，指引党的民族工作取得新的历史性成就，开辟了马克思主义民族理论中国化时代化新境界，是党的民族工作理论和实践的智慧结晶，是新时代党的民族工作的根本遵循，我们要认真学习领会、深入贯彻落实。

中国特色解决民族问题的道路是尊重历史、符合国情、顺应人心的正确选择，具有明显优越性。这条道路着眼中华民族根本利益和整体利益，最大限度把各民族凝聚起来，实现各民族共同团结奋斗、共同繁荣发展；这条道路坚持各民族一律平等，反对民族压迫和民族歧视，确保各族人民真正获得平等政治权利、共同当家做主人；这条道路正确把握维护国家统一和实行民族区域自治的关系，坚持统一和自治相结合、民族因素和区域因素相结合，推动中华民族成为认同度更高、凝聚力更强的命运共同体。面向未来，要始终坚持中国特色解决民族问题的正确道路，以铸牢中华民族共同体意识为主线，不断推进民族团结进步事业，推动新时代党的民族工作高质量发展，推进中华民族共同体建设，为以中国式现代化全面推进强国建设、民族复兴伟业而不懈奋斗。

"我们依靠全国各族人民团结奋斗创造了彪炳史册的伟大成就，也要依靠全国各族人民团结奋斗续写新的辉煌。"更加紧密地团结在以习近平同志为核心的党中央周围，全面贯彻习近平新时代中国特色社会主义思想特别是习近平总书记关于加强和改进民族工作的重要思想，勠力同心、拼搏进取，各民族大团结的中国一定能无往而不胜。

《人民日报》2024年9月28日第2版

人心所向大势所趋历史必然

人民日报评论员

"中华民族是有着五千多年文明史的伟大民族。"在全国民族团结进步表彰大会上，习近平总书记从各民族血脉相融、信念相同、文化相通、经济相依、情感相亲五个方面深入阐述"中华民族共同体的形成和发展是人心所向、大势所趋、历史必然"，深刻指出"五千多年中华文明所孕育的伟大祖国、伟大民族，永远是全体中华儿女最深沉、最持久的情感所系"。

一部中国史，就是一部各民族交融汇聚成多元一体中华民族的历史，就是各民族共同缔造、发展、巩固统一的伟大祖国的历史。在几千年历史长河中，中国人民始终团结一心、同舟共济，建立了统一的多民族国家，发展了56个民族多元一体、交织交融的融洽民族关系，形成了守望相助的中华民族大家庭。特别是在抵御外侮、防止分裂、维护统一的进程中，各族人民空前团结、同仇敌忾，书写了中华民族艰苦卓绝、气壮山河的伟大史诗。历史充分表明，我国各民族共同开拓了祖国的辽阔疆域，共同缔造了统一的多民族国家，共同书写了辉煌的中国历史，共同创造了灿烂的中华文化，共同培育了伟大的民族精神。中华民族多元一体是我国的一个显著特征，是先人们留给我们的丰厚遗产，也是我国发展的巨大优势。

中华文明具有突出的统一性，深厚的家国情怀与深沉的历史意识，为中华民族打下了维护大一统的人心根基，成为中华民族历经千难万险而不断复兴的精神支撑。中华民族、中华文明几千年来历经沧桑、饱受磨难，却生生不息、绵延不断，关键在于中华民族始终坚持国土不可分、国家不可乱、民族不可散、文明不可断的共同信念。各民族之所以团结融合，多元之所以聚为一体，源自各民族文化上的兼收并蓄、经济上的相互依存、情感上的相互亲近，源自中华民族追求团结统一的内生动力。历史充分表明，各民族血脉相融，是中华民族共同体形成和发展的历史根基；各民族信念相同，是中华民族缔造统一的多民族国家的内生动力；各民族文化相通，是中华民族铸就多元一体文明格局的文化基因；各民族经济相依，是中华民族构建统一经济体的强大力量；各民族情感相亲，是中华民族一家亲的坚强纽带。

各族人民亲如一家，是中华民族伟大复兴必定要实现的根本保证。在推进中国式现代化的新征程上，我们要更加深刻认识到，中华民族是各民族长期交往交流交融的结果，各民族只有不断团结融合、自觉融入中华民族大家庭，才能拥有更美好的未来；我们统一的多民族国家是由各民族共同缔造的，也必须由各民族共同维护、巩固和发展；灿烂的中华文化是各民族共同创造的，铸就社会主义文化新辉煌必须不断增强对中华文化的认同，不断增进各民族文化互鉴融通；各地区各民族只有不断融入国家发展大局、加强经济交流合作，才能更好推动国家经济繁荣、更好实现自身经济发展；情感上相互亲近是形成和发展中华民族共同体的坚强纽带，各族人民都要倍加珍惜、不断巩固和发展平等团结互助和谐的社会主义民族关系，不断夯实中华民族共同体建设的人心基础。

中华民族是一个命运共同体，一荣俱荣、一损俱损。习近平总书记深刻指出："在这片辽阔、美丽、富饶的土地上，各族人民都有一个共同家园，就是中国；都有一个共同身份，就是中华民族；都有一个共同名字，就是中国人；都有一个共同梦想，就是实现中华民族伟大复兴！"面向未来，更加紧密地团结在以习近平同志为核心的党中央周围，持续增强中华民族的归属感、认同感、荣誉感，坚定铸牢中华民族共同体意识，不断推进中华民族共同体建设，我们就一定能凝聚起同心共圆中国梦的强大合力。

《人民日报》2024 年 9 月 29 日第 2 版

铸牢中华民族共同体意识

人民日报评论员

中华民族共同体意识是民族团结之本。习近平总书记在全国民族团结进步表彰大会上发表重要讲话，深入阐述了中华民族共同体的形成和发展是人心所向、大势所趋、历史必然，明确提出了新时代新征程铸牢中华民族共同体意识、推进中华民族共同体建设的总体要求，为不断推进民族团结进步事业、推动党的民族工作高质量发展提供了根本遵循。

新时代新征程，党和国家的中心任务是以中国式现代化全面推进强国建设、民族复兴，这需要全国各族人民共同团结奋斗。强国建设、民族复兴的进程，必然是各民族共同团结奋斗、共同繁荣发展的过程，必须高举中华民族大团结旗帜，以中华民族大团结促进中国式现代化。巩固和发展中华民族大团结，长远和根本的是增进中华文化认同，构筑中华民族共有精神家园，铸牢中华民族共同体意识。党中央强调把铸牢中华民族共同体意识作为新时代党的民族工作的主线，是着眼于维护中华民族大团结、实现中华民族伟大复兴中国梦作出的重大决策。前进道路上，我们要全面贯彻习近平新时代中国特色社会主义思想特别是习近平总书记关于加强和改进民族工作的重要思想，不断铸牢中华民族共同体意识，把各族人民的心紧紧连在一起，把各方面的力量广泛凝聚到一起，共同推进中国式现代化，共襄中华民族伟大复兴的盛举。

铸牢中华民族共同体意识是新时代党的民族工作的"纲"，是全党全国各族人民的共同任务。铸牢中华民族共同体意识，就是要引导各族群众不断增强对伟大祖国、中华民族、中华文化、中国共产党、中国特色社会主义的认同，牢固树立休戚与共、荣辱与共、生死与共、命运与共的共同体理念。必须深刻认识到，铸牢中华民族共同体意识是维护各民族根本利益的必然要求，是实现中华民族伟大复兴的必然要求，是巩固和发展平等团结互助和谐社会主义民族关系的必然要求，是党的民族工作开创新局面的必然要求。我们要把思想和行动统一到习近平总书记重要讲话精神和党中央决策部署上来，坚持以铸牢中华民族共同体意识为主线，推进中华民族共同体建设，巩固和发展中华民族大团结。

中国共产党是中国特色社会主义事业的领导核心，是各族人民最可靠的主心骨，要始终坚持党的领导，不断巩固各民族团结奋斗的共同思想政治基础。文化认同是最深层的认同，要以社会主义核心价值观为引领，深化爱国主义、集体主义、社会主义教育，引导各族群众牢固树立正确的国家观、历史观、民族观、文化观、宗教观，着力构筑中华民族共有精神家园，使各民族人心归聚、精神相依，为推进中华民族共同体建设提供强大精神文化支撑。推进中国式现代化、实现共同富裕，一个民族都不能少，要加快民族地区高质量发展，扎实推进各民族共同富裕。广泛交往交流交融是推进中华民族共同体建设的重要途径，要推动各民族全方位嵌入，积极促进各民族交往交流交融，促进各民族像石榴籽一样紧紧抱在一起。各族公民在法律面前人人平等，要坚持和完善民族区域自治制度，依法治理民族事务，不断提高民族事务治理能力和水平。

实现中华民族伟大复兴，需要各民族手挽着手、肩并着肩，共同努力奋斗。面向未来，我们要更加紧密地团结在以习近平同志为核心的党中央周围，坚持走中国特色解决民族问题的正确道路，坚定铸牢中华民族共同体意识，凝聚起以中国式现代化全面推进强国建设、民族复兴伟业的磅礴力量。各民族大团结的中国一定是无往而不胜的，一定是有着光明未来的，我们的第二个百年奋斗目标必然会胜利实现，中华民族伟大复兴必然会到来。

《人民日报》2024 年 9 月 30 日第 2 版

家国情怀激发向心力和凝聚力

朱　浒

习近平总书记指出："中华文明具有突出的统一性"。这是深入考察中国历史发展进程得出的重要论断。自春秋时期萌生大一统观念后，在 2000 多年的历史演进中，虽然统一与分裂的局面交织出现，但是统一多民族国家的形成与发展始终是历史大趋势。特别是到了明清时期，国家统一的局面既是政治的需要，也是经济和文化发展的必然结果。深刻把握中华文明突出的统一性，就要充分认识中华优秀传统文化在其中的作用，全面理解修齐治平、兴亡有责的家国情怀所激发的向心力和凝聚力。

家国情怀是中华优秀传统文化的重要内容，其价值观基础是家国一体、家国同构。西周时期，族权与政权的结合使得家与国具有相同的内在文化机理和社会功能，形成了家国一体的政治伦理。西周之后，这种政治伦理主要在儒家思想的倡导下，进一步实现系统化理论化。如《论语》说："有国有家者，不患寡而患不均，不患贫而患不安。"孟子说："天下之本在国，国之本在家，家之本在身。"《大学》进一步引申出"修齐治平"的说法："古之欲明明德于天下者，先治其国；欲治其国者，先齐其家；欲齐其家者，先修其身。"汉代以后，基于这些重要思想而形成的家国同构秩序，成为历代王朝奉行不悖的治理模式。

更为重要的是，这种家国一体、家国同构的观念，经由士大夫阶层的传承和弘扬形成了家国情怀，这种家国情怀是认同中华文明、维护中华文明的一种强烈表达。唐代韩愈所谓："大夫文武忠孝，求士为国，不私于家"；宋代陆游临终前赋诗："王师北定中原日，家祭无忘告乃翁"；明代王阳明所说："大人者，以天地万物为一体者也，其视天下犹一家，中国犹一人焉"；顾炎武在明亡之后宣称："保天下者，匹夫之贱与有责焉耳矣。"可以说，这种家国情怀是中国传统社会爱国主义精神的思想基础。

在充斥着内忧外患的近代中国，正是以家国情怀为基础的爱国主义精神，转化为中华民族反抗西方列强侵略的重要精神武器，成为中国人民维护国家统一、维护中华文明统一性的强大精神动力。尤其是在中华民族到了最危险的时候，家国情怀对中华民族大家庭观念的兴起、爱国主义精神的高扬发挥了重要作用。20世纪初以后，为配合日本军国主义势力对中国的侵略图谋，日本一些人不断制造分裂中国、否认中华民族为统一体的各种论调。为了反击文化入侵，中国知识分子以强烈的家国情怀对种种谬论进行有力驳斥。

比如，不断强化关于中华民族共同祖先的认同，使得这种带有全民族泛血缘或象征性血缘关系的文化符号，在全面抗战时期在中国广泛传播并得到多民族、多种政治派别的高度认同。一些学者提出中国境内的诸多民族同为一家的说法，如熊十力认为中华民族"如一家昆季，分言之，则有伯仲；统称之，则是一家骨肉也"。此外，以顾颉刚、傅斯年等为代表的知识界人士，发动了关于"中华民族是一个"的声势浩大的讨论，有力彰显了中华民族的整体性特征。这种中华民族大家庭意识的凝聚与广泛流传，激发了全民族抗战的强大精神动力，对挽救国家危亡起到了重要作用，也对维护中华文明的统一性作出了重要贡献。

中国共产党成立100多年来，始终高度重视家国情怀对于铸牢中华民族共同体意识的重要作用，推动家国情怀深深融入中华民族的血脉之中。在中国共产党的领导下，中华民族伟大复兴迎来了前所未有的光明前景。"五十六族兄弟姐妹是一家，五十六种语言汇成一句话，爱我中华"，唱出了各民族的心声，成为时代强音。习近平总书记强调："我国56个民族都是中华民族大家庭的平等一员，共同构成了你中有我、我中有你、谁也离不开谁的中华民族命运共同体。"在强国建设、民族复兴的新征程上，我们要牢固树立中华民族共同体意识，厚植家国情怀，深刻认识中华文明突出的统一性从根本上决定了中华民族各民族文化融为一体、即使遭遇重大挫折也牢固凝聚，决定了国土不可分、国家不可乱、民族不可散、文明不可断的共同信念，决定了国家统一永远是中国核心利益的核心，决定了一个坚强统一的国家是各族人民的命运所系，让家国情怀得到进一步升华。

《人民日报》2023 年 7 月 31 日第 9 版

中华民族交往交流交融的历史取向

蒙 曼

江流九派，百川归海。千百年来，各民族不断的交往交流交融为中华文明发展增添无尽的生命力。在文化传承发展座谈会上，习近平总书记指出："中华文明的包容性，从根本上决定了中华民族交往交流交融的历史取向，决定了中国各宗教信仰多元并存的和谐格局，决定了中华文化对世界文明兼收并蓄的开放胸怀。"

历史发展有其规律。历史取向表现为一种经过实践反复验证、为历史主体所主动选择的正确方向。在中华民族发展过程中，各民族之间的交往交流交融是不断进行的历史事实，也是各民族人民共同认可的一种价值取向。

新石器时代，中华大地上的古文化有如满天星斗，交相辉映。距今约3800年至3500年，晋南豫西形成更具包容力和影响力的二里头文化。学术界认为，二里头遗址应该就是夏朝的都城所在地。夏之后，出身东夷的殷人在此基础上建立了更加恢宏博大的殷商文化。源自西北而又与羌、戎部族有着密切关系的周人继之而起，发展了影响深远的礼乐文明。夏商周三代是中国历史上极为重要也极为辉煌的时代。三代的历史，也正是各部族交往交流交融的历史。这段历史，不仅奠定了早期中华文明的核心区域，也早早地确立起中华文明海纳百川的文化精神。

秦统一中国，建立起书同文、车同轨、量同衡、行同伦的大一统政权，不仅有效巩固了春秋战国五方之民互融互鉴的历史成果，也为中华各民族在新的历史条件下交往交流交融提供了更为广阔的历史舞台和更为有力的制度保障。魏晋南北朝时期，战乱频仍和社会动荡是历史的一面，而另一面则是既广且深的民族融合。经过波澜壮阔的民族大融合，匈奴、鲜卑等一批古代民族融入中原，他们的民族文化也汇入了中华文化的洪流。正是在民族大融合、文化大交汇的基础上，一个国土广袤、典章焕然、精神振拔的大唐盛世屹立于世。不仅仅是魏晋南北朝时期，中国历史上各个时期不断有新的民族融入统一的多民族国家，不断有新的生产技术得到发明和运用，不断有新的文化融入中华文明血脉，中华民族也因此日益发展壮大。

在中华各民族不断交往交流交融的过程中，一代又一代中华儿女东奔西走、南来北往，走出了中国历史上几条著名的走廊，如河西走廊、辽西走廊等。这些走廊既是民族迁徙交流的通道，也是经济文化交往交融的通道。它们犹如一条条粗壮的血管，把中国的山山水水连在了一起，也让中华各民族的心跳在了一起、血流在了一起。

在漫长的历史发展过程中，各民族之间的交往交流交融也彰显出中华民族共融共通的价值取向。中华文化不提倡故步自封，而是讲究兼收并蓄，坚持有容乃大。先秦儒家经典《论语》开篇有云："学而时习之，不亦说乎？有朋自远方来，不亦乐乎？"这深刻反映出中华民族热爱学习、善于交往、乐于共享的文明底色。战国时期赵武灵王胡服骑射传为佳话，同样北魏孝文帝的汉化改革也被视为雄才大略的"圣人之道"。唐代文成公主和金城公主和亲，给青藏高原带去了谷物种植技术、汉文典籍以及佛教造像。唐代诗人陈陶在《陇西行》中感慨道："自从贵主和亲后，一半胡风似汉家。"与此同时，藏文化也潜移默化地影响中原，白居易诗云："圆鬟无鬓堆髻样，斜红不晕赭面状。"长安仕女的时髦妆容就源自对吐蕃妇女的效仿。元代女纺织家黄道婆流落海南，向黎族人民学习纺织技术，进而在长三角地区推广传播，这是交流促成创新的生动例证。正是在这种长期而频繁的交往交流中，各民族血脉交融，逐步形成牢不可破的中华民族共同体，共同开发了祖国的锦绣河山、广袤疆域，共同创造了悠久的中国历史、灿烂的中华文化。

各民族交往交流交融是中华民族团结统一的重要基础。习近平总书记指出："各民族之所以团结融合，多元之所以聚为一体，源自各民族文化上的兼收并蓄、经济上的相互依存、情感上的相互亲近，源自中华民族追求团结统一的内生动力。"我国长期是统一的多民族国家，各民族丰富多彩的文化形态是中华文明不断创新发展的宝贵资源和突出优势。各民族长期交往交流交融，不仅形成了你中有我、我中有你的格局，也形成了休戚与共、荣辱与共、生死与共、命运与共的共同体理念。正因为如此，在近代以后遭遇重大挫折的时候，各民族才能紧密团结、相互支援，共同筑起中华民族新的长城。文化认同是最深层次的认同，是民族团结之根、民族和睦之魂。我们要促进各民族交往交流、团结融合，着眼于增强中华民族共同体意识，引导各族群众牢固树立正确的祖国观、民族观、文化观、历史观，不断巩固全国各族人民大团结，全面推进中华民族共有精神家园建设，汇聚起强国建设、民族复兴的强大合力。

《人民日报》2023 年 8 月 7 日第 9 版

形成人心凝聚、团结奋进的
强大精神纽带

王延中　宁亚芳

习近平总书记强调："构筑中华民族共有精神家园，使各民族人心归聚、精神相依，形成人心凝聚、团结奋进的强大精神纽带。"铸牢中华民族共同体意识，是新时代党的民族工作和民族地区各项工作的主线。只有着力构筑中华民族共有精神家园，才能为铸牢中华民族共同体意识奠定坚实的精神和文化基础，汇聚各民族团结奋进强国建设、民族复兴新征程的磅礴力量。

具有突出的连续性、创新性、统一性、包容性、和平性的中华文明，从来不用单一文化代替多元文化，而是由多元文化汇聚成共同文化。自古以来，我国各民族共同开拓了辽阔的疆域、共同书写了悠久的历史、共同创造了灿烂的文化、共同培育了伟大的精神。展开历史长卷，我国各民族创作了诗经、楚辞、汉赋、唐诗、宋词、元曲、明清小说等伟大作品，传承了格萨尔王、玛纳斯、江格尔等震撼人心的伟大史诗，建设了万里长城、都江堰、大运河、故宫、布达拉宫、坎儿井等伟大工程。各民族文化互鉴融通、交相辉映，中华文化博大精深、历久弥新，我们构筑中华民族共有精神家园具有深厚历史和文化根基。

我们党历来高度重视民族问题、民族工作。党的十八大以来，以习近平同志为核心的党中央提出了一系列新理念新思想新战略，进一步拓展了中国特色解决民族问题的正确道路，形成了习近平总书记关于加强和改进民族工作的重要思想。构筑中华民族共有精神家园，是这一重要思想的有机组成部分。新时代，通过实施重大文化工程，举办重大文化活动，普及推广国家通用语言文字等一系列举措，推动各民族文化的传承保护和创新交融，各族群众对中华文化更加热爱、更加自豪、更加自信，各民族在理想、信念、情感、文化上的团结统一大大增进，中华民族共有精神家园建设取得新成就。当前，面对艰巨繁重的改革发展稳定任务和错综复杂的国际国内形势，我们更需团结一致、凝聚力量。要在新的历史起点上不断构筑中华民族共有精神家园，铸牢中华民族共同体意识，推进中华民族共同体建设，确保中国发展的巨轮胜利前进。

中国共产党领导和社会主义制度是我国各民族共同发展进步的可靠保障。要用中国特色社会主义共同理想团结、鼓舞、感召各族群众，面向各族群众加强党的理论和路线方针政策教育，加强党史、新中国史、改革开放史、社会主义发展史、中华民族发展史宣传教育，深入培育和践行社会主义核心价值观，推动各民族坚定对伟大祖国、中华民族、中华文化、中国共产党、中国特色社会主义的高度认同。

在历史长河中，各民族共同熔铸的以爱国主义为核心的伟大民族精神，已深深融进了各族人民的血液和灵魂，是推动我国发展进步的强大精神动力。要深入实施红色基因传承工程，凸显中国共产党人精神谱系的引领作用，大力弘扬伟大民族精神，推进宣传教育大众化、常态化和实效化，不断增强各族群众对中华民族的认同感和自豪感，推动各族群众以自信自强、昂扬向上的精神面貌奋进新征程、建功新时代。

文化认同是更深层次的认同，是民族团结的根脉。推动中华民族走向包容性更强、凝聚力更大的命运共同体，要不断深化各民族对中华文化的认同。实施中华优秀传统文化传承发展工程，研究挖掘中华优秀传统文化的优秀基因和时代价值，推动中华优秀传统文化创造性转化、创新性发展。在推动社会主义先进文化繁荣发展中，增强中华文化特征、中华民族精神、中国国家形象的表达力、感召力和凝聚力，夯实民族团结的文化根基，让中华民族共同体牢不可破。

《人民日报》2023 年 12 月 13 日第 9 版

把民族团结搞得更好

邹　翔

"各族群众唱歌跳舞在一起，生活居住在一起，工作奋斗在一起，中华民族像石榴籽一样紧紧抱在一起。"2023 年 12 月，习近平总书记在广西考察期间，叮嘱"要从基层社区抓起，通过扎实的社区建设、有效的社区服务、丰富的社区活动，营造各族人民一家亲的浓厚氛围，把民族团结搞得更好"，强调"要把持续扎根铸牢共同体意识落实到经济、教育、就业、社区建设、文化建设和干部队伍建设等各项工作中"。

中华民族共同体意识是国家统一之基、民族团结之本、精神力量之魂。党的十八大以来，我们党强调中华民族大家庭、中华民族共同体、铸牢中华民族共同体意识、推进中华民族共同体建设等理念，鲜明提出把铸牢中华民族共同体意识作为新时代党的民族工作的主线、作为民族地区各项工作的主线。新时代党的民族工作取得新的历史性成就，离不开民族地区的经济建设、政治建设、文化建设、社会建设、生态文明建设和党的建设等都紧紧围绕、毫不偏离这条主线，离不开无论是出台法律法规还是政策措施都着眼于强化中华民族的共同性、增强中华民族共同体意识。

中国人民是具有伟大团结精神的人民，中华文明具有突出的统一性。一部中国史就是一部各民族交融汇聚成多元一体中华民族的历史，就是各民族共同缔造、发展、巩固统一的伟大祖国的历史。漫漫历史长河中，反映中国人民始终团结一心、同舟共济，彰显中华民族多元一体的故事浩如烟海。在共同开发祖国的锦绣河山、广袤疆域，共同创造悠久的中国历史、灿烂的中华文化的进程中，在广泛的交往交流交融中，各族人民的前途命运聚在了一起、文化基因汇到了一起，休戚与共、荣辱与共、生死与共、命运与共的共同体理念在各族人民心中深深扎根。

习近平总书记指出："全面建设社会主义现代化国家，一个民族都不能少。"在内蒙古草原，锡林郭勒盟苏尼特右旗乌兰牧骑深入基层一线，将党的声音、民族团结主旋律唱进农牧民群众心坎里；在世界屋脊青藏高原，青藏、川藏、藏中、阿里4条"电力天路"和"三区三州"电网建设等重点项目编织起一张张安全可靠的"光明网""民生网""幸福网"；随着闽宁协作的深入开展，宁夏孵化出160多个闽宁示范村，"闽宁模式"呈现新气象；在新疆，和若铁路结束了南疆洛浦、策勒、于田、民丰、且末等地不通火车的历史……一项项民心工程、一件件惠民实事，照见各族群众共享改革发展成果，让中华民族共同体意识越铸越牢。全面实现各民族共同繁荣发展，推动各族群众逐步实现在空间、文化、经济、社会、心理等方面的全方位嵌入，就能不断巩固中华民族共同体思想基础，构筑中华民族共有精神家园。

新征程是充满光荣和梦想的远征。推进中国式现代化是一项前无古人的开创性事业，艰巨性和复杂性前所未有。团结就是力量，奋斗开创未来。全党全国各族人民在党的旗帜下团结成"一块坚硬的钢铁"，心往一处想、劲往一处使，拧成一股绳、铆足一股劲，咬定青山不放松，风雨无阻向前行，才能创造更加美好的明天，赢得更加伟大的胜利。

在有着1300多年历史的西藏拉萨八廓街周边，多民族群众共同居住的民族团结大院有100多个，居民们常把"各族人民相亲相爱，茶和盐巴永不分离"这句话挂在嘴上。中华民族一家亲，同心共筑中国梦。笃行不怠、久久为功，不断铸牢中华民族共同体意识，民族团结进步之花必将结出越来越丰硕的果实。

《人民日报》2024年1月8日第5版

增强各族群众的中华文化认同

彭 飞

不久前，中央民族大学舞蹈学院院长姜铁红在排练室里领舞《奔腾》的短视频，在社交媒体刷屏。尽管姜铁红当天只是日常穿着，却将这段蒙古族舞蹈跳得潇洒恣意、韵味悠长，被网友评价"举手投足间都散发着艺术的魅力"。更令人意外的是，作为这个经典舞蹈第五代领舞的姜铁红并非蒙古族人，而是朝鲜族人，编创这段舞蹈的马跃教授则是回族人。多民族文化交融交汇，结下艺术硕果，展现经久不衰的魅力。

中华文明具有突出的包容性。习近平总书记强调，"中华文明从来不用单一文化代替多元文化，而是由多元文化汇聚成共同文化"。各族文化交相辉映，中华文化历久弥新，映照着我们强大的文化自信。

"文化认同是最深层次的认同。"铸牢中华民族共同体意识，一个重要方面就是进一步促进各民族广泛交往交流交融，不断构筑中华民族共有精神家园，持续增强各族群众的中华文化认同。新时代以来，从加强文化遗产保护传承，用好具有少数民族特色的文化资源，到借助对口帮扶促进不同地区不同民族文化交流，再到大力发展少数民族文化产业……务实的举措、有效的行动，筑牢了民族团结的根脉，促进各族人民像石榴籽一样紧紧抱在一起。

各民族优秀传统文化都是中华文化的组成部分，中华文化是主干，各民族文化是枝叶。根深干壮，才能枝繁叶茂；枝繁叶茂，才更显主干生机。近期，反映哈萨克族生活和文化的电视剧《我的阿勒泰》在国内走红，也在海外受到追捧，成为感受中华文化魅力的一扇窗口。"民族的才是世界的"。各民族文化在中华文化的百花园中尽情绽放，中华文化将越发光彩夺目，为铸牢中华民族共同体意识提供更丰厚滋养。

增进文化认同、促进民族团结，还需要在日常生活中寻找工作落点。习近平总书记指出："建设多民族群众互嵌式社区，是促进各族群众交往交流交融的重要途径。"在云南昆明盛高大城社区，汉、回、彝、白等20多个民族的居民生活在一起，每年邻里百家宴、火把节、趣味运动会等文体活动让人应接不暇，邻里亲如一家。可见，社区是增情谊、促团结的有效物理空间，更是培育中华民族共同体意识的沃土。也应看到，如今各族群众对信息的交流、对文化的体验，很多都是在网络空间完成的。这启示我们，必须重视并用好互联网，让网络虚拟空间成为构筑各民族共有精神家园、铸牢中华民族共同体意识的最大增量。

善用文化之力，让各族群众在春风化雨、润物无声中增进中华文化认同，牢固树立休戚与共、荣辱与共、生死与共、命运与共的共同体理念，定能画出民族团结进步的最大同心圆，推动各族群众心往一处想、劲往一处使，共创美好未来。

《人民日报》2024 年 6 月 11 日第 5 版

讲好中华民族共同体故事

唐军旗

铸牢中华民族共同体意识是新时代党的民族工作的"纲",新时代党的民族工作要向此聚焦。党的十八大以来,习近平总书记科学回答了新时代民族工作举什么旗、走什么路等重大问题,对讲好中华民族共同体故事提出明确要求。党的二十届三中全会《决定》提出"健全铸牢中华民族共同体意识制度机制"。新征程上,我们要大力宣介中华民族共同体意识,坚持不懈讲好中华民族共同体故事,真正把中国共产党领导和社会主义制度是我国各民族共同发展进步的可靠保障、中华民族是具有强大认同度和凝聚力的命运共同体、中国特色解决民族问题正确道路所具有的明显优越性讲清楚、说明白、传出去。

牢牢抓住主线。铸牢中华民族共同体意识是新时代党的民族工作的主线,也是民族地区各项工作的主线,指明了新时代党的民族工作的前进方向,也为我们把中华民族共同体故事讲深入、讲精彩、讲透彻提供了遵循。要紧紧抓住铸牢中华民族共同体意识这条主线，通过讲好各民族团结进步与繁荣发展新风貌，全景展现新时代党的民族工作取得的历史性成就，进一步增强各民族人民对中华民族大家庭的归属感，坚定对伟大祖国、中华民族、中华文化、中国共产党、中国特色社会主义的高度认同；通过多角度、全方位宣传各民族共同团结奋斗、共同繁荣发展的生动实践和宝贵经验，深入挖掘构筑中华民族共有精神家园的有效举措和典型事例，深刻阐释铸牢中华民族共同体意识的理论逻辑、历史逻辑和现实逻辑，引导各民族人民牢固树立休戚与共、荣辱与共、生死与共、命运与共的共同体理念；通过讲述各民族人民共同开拓辽阔疆域、共同书写悠久历史、共同创造灿烂文化、共同培育伟大精神的伟大进程，夯实民族团结的情感基础，不断巩固和发展中华民族多元一体格局。

着眼于促进民族团结进步。一部中国史，就是一部各民族交融汇聚成多元一体中华民族的历史，就是各民族共同缔造、发展、巩固统一的伟大祖国的历史。民族团结是我国各族人民的生命线，讲好中华民族共同体故事要着眼于促进民族团结进步。要讲好历史上民族团结的故事，从中华优秀典籍中挖掘精粹，把其中具有传播价值的故事筛选出来，讲清楚中华民族形成发展的历程，讲透中华民族从历史走向未来、从传统走向现代、从多元凝聚为一体的发展大趋势。要讲好当下民族团结的故事，讲好各民族你中有我、我中有你，谁也离不开谁的动人故事，阐释好各民族共同团结奋斗、共同繁荣发展的时代意义与现实价值。特别是要讲好新时代各民族共同繁荣发展的故事，宣传好党和国家在民族地区实施基础设施提升、特色产业发展、生态保护等一系列发展举措，讲好广袤中华大地上各民族人民守望相助、同心协力共同迈向更加美好生活的故事，为铸牢中华民族共同体意识打下坚实基础。

注重提高传播力影响力。讲好中华民族共同体故事，展现各民族在中华民族大家庭中像石榴籽一样紧紧抱在一起，有助于最大限度凝聚起实现中华民族伟大复兴的磅礴力量。提高故事的传播力影响力，就要立足中国历史演进的内在逻辑，形成逻辑清晰、学理扎实、内容丰富的宣传叙事体系，深刻阐明中华民族是一个基于长期交往交流交融而形成的民族共同体，大力宣传中华民族同世界各国人民携手构建人类命运共同体的美好愿景。要创新传播方式、丰富传播内容、拓宽传播渠道，根据受众的不同文化背景、不同年龄段等，科学制定不同的传播策略，利用纪录片、影视作品、短视频、动漫等多种形式，生动再现中华民族共同体形成和发展的历史场景与现实风貌，通过组织民族团结专题展览、举行民族文化节庆活动等，让各民族人民进一步了解中华民族共同体故事。此外，还要用好国际化传播平台，增进国际社会对中华民族共同体故事的理解与认同。

《人民日报》2024年8月6日第9版

加强铸牢中华民族共同体意识教育

尤伟琼

　　中华民族共同体意识是国家统一之基、民族团结之本、精神力量之魂。习近平总书记强调："要不断铸牢中华民族共同体意识，把各族人民的心紧紧连在一起"。党的二十届三中全会《决定》提出："健全铸牢中华民族共同体意识制度机制，增强中华民族凝聚力。"学校是培养人才的地方，在铸牢中华民族共同体意识方面具有重要作用。各级学校要全面贯彻党的教育方针，持续加强铸牢中华民族共同体意识教育，培养新时代民族团结进步的践行者、促进者、守护者。

　　发挥教学育人功能。深入把握学生成长"播种育苗期""拔节孕穗期"等不同阶段的身心特点，注重学段内有机融合、学段间有机衔接，使教育内容和教学方式相互支撑、相得益彰，充分发挥教学育人功能。具体来看，小学和中学阶段要加强中华优秀传统文化、中华民族历史教育，加强铸牢中华民族共同体意识的知识教育，引导各族学生了解中华民族发展历史和中华文化，增进国家认同、政治认同。高等教育阶段要开设好"习近平新时代中国特色社会主义思想概论"课，依托形势与政策教育、中华民族共同体概论等课程或相关专题教育，进一步增强各族大学生的"五个认同"，引导其树立为中华民族伟大复兴不懈奋斗的信念。

创新实践育人路径。加强铸牢中华民族共同体意识教育，既需要课堂上的知识讲授，也需要课堂外的实践育人。要遵循不同年龄段学生的认知特点和身心发展规律，将课堂教学与实践教学相结合，推进"中华民族一家亲，同心共筑中国梦"的分众化、互动式、精准性宣传教育。将铸牢中华民族共同体意识教育融入升国旗、奏唱国歌、入党入团入队等仪式，融入党日团日队日、少先队活动、主题班会、大中队会等，融入中国传统节日、重要节庆日、重大纪念日的庆祝和纪念活动。发挥爱国主义、民族团结进步等教育基地的教育功能，通过场景式、沉浸式、交互式学习，把爱我中华的种子埋入每个学生的心灵深处。

营造文化育人环境。文化认同是最深层次的认同，是民族团结之根、民族和睦之魂。学校要注重营造良好的文化育人环境，通过润物无声的方式厚植中华民族共同体意识的文化根基。可以结合学校历史、校园景观、公共空间，合理布设中华民族文化符号和形象标识，突出国旗、国歌等国家标志，规范使用国家通用语言文字。通过校训、校徽、校歌、校刊、板报、校园广播、文化墙、学校新媒体平台等载体，发挥教室、阅览室、走廊等场所的润育功能，宣传党的教育方针和民族政策，打造体现中华民族共同体意识的特色校园文化。开展民族团结进步教育系列活动，如读一本民族团结题材的书籍、唱一首民族团结的歌曲、了解一位民族团结的模范等，将民族团结教育融入校园文化与思想道德建设，让各族学生在共有精神家园中共同成长。

构建协同育人格局。铸牢中华民族共同体意识是一项系统工程，要统筹推进大中小学铸牢中华民族共同体意识教育，构建学校、家庭、社区、社会立体化协同式育人格局。大中小学各类学校之间要加强交流学习，共同开展一体化教学研究、组建一体化教师团队、搭建一体化资源共享平台。利用家校平台，发挥家庭在教育未成年人铸牢中华民族共同体意识、培养家国情怀上的重要作用。发挥共青团、妇联、文联、科协等群团组织优势，调动社会各方面资源，凝聚更多力量参与到铸牢中华民族共同体意识教育中。注重运用好新媒体等手段，打造学生乐于接受的视频、图解等新媒体产品，推动中华民族共同体意识入脑入心。

《人民日报》2024年9月9日第9版

紧紧围绕铸牢中华民族共同体意识这条主线

李俊清　李寅

2023 年 10 月 27 日，中共中央政治局就铸牢中华民族共同体意识进行第九次集体学习，习近平总书记发表重要讲话，深刻阐述了铸牢中华民族共同体意识的重大意义、重要任务和工作要求。

民族问题是一个世界性的重大问题。纵观世界，在影响国家安全稳定诸多因素中，民族问题一直居于重要位置。我们党历来高度重视民族问题、民族工作，正确处理民族关系。习近平总书记指出，回顾党的百年历程，党的民族工作取得的最大成就，就是走出了一条中国特色解决民族问题的正确道路。

党的十八大以来，以习近平同志为核心的党中央因应国内国际形势的发展变化，不断丰富和发展党的民族理论和民族政策，就民族工作作出一系列重大决策部署，党的民族工作取得了新的历史性成就。审古今之变、察时代之势，习近平总书记作出铸牢中华民族共同体意识的重大原创性论断，这是新时代党的民族工作的主线、民族地区各项工作的主线，进一步拓展中国特色解决民族问题的正确道路，开辟了马克思主义民族理论中国化时代化新境界。

铸牢中华民族共同体意识是在深刻把握中国历史文化和民族发展规律的基础上，伴随着中华民族伟大复兴进程提出的重大战略举措，目的是增强各民族对中华民族思想上的自觉认同。中华民族历经几千年发展，形成了多元一体的民族实体，是各民族你中有我、我中有你，血脉相连、不可分割的有机整体。中华民族共同体意识是国家层面最高的社会归属感、面向世界的文化归属感，是国家认同、民族交融的情感纽带，是祖国统一、民族团结的思想基石，是中华民族绵延不衰、永续发展的力量源泉。这是各民族在中华民族多元一体格局中的思想共识、情感共鸣与理念共振。

当前，全国各族人民迈上了以中国式现代化全面推进强国建设、民族复兴伟业的新征程，党的民族工作面临新的形势和任务。全面建成社会主义现代化强国，一个民族也不能少。要深刻认识到，铸牢中华民族共同体意识是维护各民族根本利益的必然要求、是实现中华民族伟大复兴的必然要求、是巩固和发展平等团结互助和谐的社会主义民族关系的必然要求、是党的民族工作开创新局面的必然要求。只有铸牢中华民族共同体意识，才能有效抵御各种极端、分裂思想的渗透颠覆，才能不断排除可能影响中华民族伟大复兴的各种风险隐患，才能有效团结凝聚各族人民，才能按照增进共同性方向改进民族工作。

强国建设、民族复兴新征程上，必须全面贯彻党的二十大部署，准确把握党的民族工作新的阶段性特征，坚持不懈把铸牢中华民族共同体意识工作抓紧抓实抓好。一是构建科学完备的中华民族共同体理论体系，立足中华民族悠久历史，做到"两个结合"，推出立足中国历史、解读中国实践、回答中国问题的原创性理论成果。二是不断构筑中华民族共有精神家园，面向各族群众加强党的理论和路线方针政策教育，深入实施红色基因传承工程、中华优秀传统文化传承发展工程。三是以中华民族大团结促进中国式现代化，高举中华民族大团结旗帜，把推动各民族为全面建设社会主义现代化国家共同奋斗，作为新征程党的民族工作的重要任务。四是讲好中华民族故事，大力宣介中华民族共同体意识。

中华民族伟大复兴号巨轮正在乘风破浪、扬帆远航，铸牢中华民族共同体意识，全体中华儿女上下一心，像石榴籽一样紧紧抱在一起，一定能够共同创造更加美好的明天，共享强国建设、民族复兴的伟大荣光。

《光明日报》2023 年 11 月 6 日第 3 版

坚定走中国特色解决民族问题的正确道路

蒲长春

习近平总书记在 2024 年全国民族团结进步表彰大会上指出，中国共产党历来高度重视民族工作。一百多年来，我们坚持把马克思主义民族理论同中国民族问题具体实际相结合、同中华优秀传统文化相结合，创造性地走出了一条中国特色解决民族问题的正确道路。党的一百多年民族工作取得的最大成就，就是走出了一条中国特色解决民族问题的正确道路。习近平总书记的重要论述深刻阐明了这一正确道路的丰富内涵、内在逻辑和最新要求，指明了党的民族工作的前进方向。

明"道"之义，要完整准确全面把握中国特色解决民族问题的正确道路的丰富内涵。党的十八大以来，习近平总书记的系列重要论述不断丰富完善中国特色解决民族问题的正确道路的科学内涵。

2014 年中央民族工作会议提出了中国特色解决民族问题的正确道路的"八个坚持"，2019 年全国民族团结进步表彰大会全面总结了新中国成立以来我国做好民族工作的"九个坚持"，2021 年中央民族工作会议用"十二个必须"系统概括了习近平总书记关于加强和改进民族工作的重要思想。2024 年全国民族团结进步表彰大会特别强调了这一正确道路的独特性和优越性。这条道路坚持各民族共同发展的方法论，以中国方式解决民族发展平衡问题，着眼中华民族根本利益和整体利益，最大限度把各民族凝聚起来，实现各民族共同团结奋斗、共同繁荣发展。这条道路秉持各民族权利平等的价值观，坚持各民族一律平等，反对民族压迫和民族歧视，确保各族人民真正获得平等政治权利、共同当家做主人。这条道路把握多民族国家治理的辩证法，正确把握维护国家统一和实行民族区域自治的关系，坚持统一和自治相结合、民族因素和区域因素相结合。

探"道"之源，要深刻理解领悟中国特色解决民族问题的正确道路的内在逻辑。从历史上看，我国各民族共同开拓了祖国的辽阔疆域，共同缔造了统一的多民族国家，共同书写了辉煌的中国历史，共同创造了灿烂的中华文化，共同培育了伟大的民族精神；各民族血脉相融、信念相同、文化相通、经济相依、情感相亲。这"五个共同"和"五个相"阐明了中华民族共同体形成发展的历史必然性和历史主动性，讲清了这一正确道路的历史依据。从理论上看，我们党不断推进马克思主义民族理论中国化时代化，尤其是党的十八大以来，鲜明提出把铸牢中华民族共同体意识作为新时代党的民族工作的主线、民族地区各项工作的主线，形成了习近平总书记关于加强和改进民族工作的重要思想，奠定了这一正确道路的理论基石。从实践上看，党的百余年民族工作推动实现了民族独立和人民解放，巩固和发展了平等团结互助和谐的社会主义民族关系，取得了历史性成就，我国少数民族面貌、民族地区面貌、民族关系面貌、中华民族面貌发生了翻天覆地的历史性巨变，伟大实践开辟了崭新道路，雄辩地证明了这一道路的正确性。

循"道"之要，要全面贯彻落实中国特色解决民族问题的正确道路的最新要求。习近平总书记指出，铸牢中华民族共同体意识是全党全国各族人民的共同任务，要健全铸牢中华民族共同体意识制度机制。新时代新征程，铸牢中华民族共同体意识、推进中华民族共同体建设，要始终坚持党的领导，不断巩固各民族团结奋斗的共同思想政治基础；着力构筑中华民族共有精神家园，为推进中华民族共同体建设提供强大精神文化支撑；加快民族地区高质量发展，扎实推进各民族共同富裕；推动各民族全方位嵌入，积极促进各民族交往交流交融；依法治理民族事务，不断提高民族事务治理能力和水平。

道路决定命运，中华民族只有走自己的路，坚定自信，才能正确处理好中国的民族问题，才能建设好认同度更高、凝聚力更强的中华民族共同体，为强国建设、民族复兴汇聚起磅礴伟力。

《学习时报》2024年10月11日第1版

理论茶座

抓住铸牢中华民族共同体意识这条主线

王希恩

习近平总书记在参加十三届全国人大五次会议内蒙古代表团审议时强调："要紧紧抓住铸牢中华民族共同体意识这条主线，深化民族团结进步教育，引导各族群众牢固树立休戚与共、荣辱与共、生死与共、命运与共的共同体理念，不断巩固中华民族共同体思想基础，促进各民族在中华民族大家庭中像石榴籽一样紧紧抱在一起"。党的十八大以来，以习近平同志为核心的党中央深入总结我们党民族工作历程和成就，科学回答了新时代民族工作举什么旗、走什么路等重大问题，强调中华民族大家庭、中华民族共同体、铸牢中华民族共同体意识等重大理念，推进新时代党的民族工作理论和实践创新。2021年召开的中央民族工作会议总结提出了习近平总书记关于加强和改进民族工作的重要思想。我们要深刻理解这一重要思想的核心要义、精神实质、丰富内涵、实践要求，推动新时代党的民族工作高质量发展。

党的民族理论和民族政策不断丰富发展

我们党能够领导全国各族人民在民族工作领域取得巨大成就和进步，最根本的在于创造性地把马克思主义民族理论同中国民族问题具体实际相结合，走出了一条中国特色解决民族问题的正确道路。

我们党自成立之日起，就积极探索适合我国国情的解决民族问题的道路。新民主主义革命时期，我们党将中国民族问题的解决同中国革命的总任务结合起来，领导各族人民推翻了"三座大山"，赢得了民族独立、人民解放。新中国把民族平等作为立国的根本原则之一。新中国成立后，党领导人民完成了民主改革和社会主义改造，实现了各民族社会发展的历史性跨越，促进了各民族大团结。在这一历史进程中，我们党回答解决了中华民族如何摆脱压迫、实现民族解放，继而步入社会主义、建立新型民族关系的问题，确立民族区域自治制度，党的民族理论和民族政策的基本框架建立起来。

进入改革开放和社会主义现代化建设新时期，我们党加强和改进民族工作。邓小平同志提出："我国各兄弟民族经过民主改革和社会主义改造，早已陆续走上社会主义道路，结成了社会主义的团结友爱、互助合作的新型民族关系"，民族区域自治制度"比较好，适合中国的情况""观察少数民族地区主要是看那个地区能不能发展起来""我们帮助少数民族地区发展的政策是坚定不移的"等，极大丰富了党的民族理论和民族政策的内容。20世纪90年代之后，面对国内外民族领域出现的新情况，我们党两次召开中央民族工作会议，在总结民族工作经验、提出现阶段主要任务的同时，进一步科学回答了什么是民族问题、怎样解决我国现阶段的民族问题，适时作出西部大开发等一系列加快民族地区发展的重大战略决策，党的民族理论和民族政策得到拓展。我们党于2005年召开中央民族工作会议，回答了新形势下如何看待和处理民族问题，推动各民族共同团结奋斗、共同繁荣发展的问题，党的民族理论和民族政策更加完善。

党的十八大以来，以习近平同志为核心的党中央就民族工作作出一系列重大决策部署，推动我国民族团结进步事业取得新的历史性成就。2014年召开的中央民族工作会议强调，做好民族工作要坚定不移走中国特色解决民族问题的正确道路，开拓创新，从实际出发，顶层设计要缜密、政策统筹要到位、工作部署要稳妥，让各族人民增强对伟大祖国的认同、对中华民族的认同、对中华文化的认同、对中国特色社会主义道路的认同。在2021年召开的中央民族工作会议上，习近平总书记全面阐述了我们党关于加强和改进民族工作的重要思想，将其概括为12个方面内容：必须从中华民族伟大复兴战略高度把握新时代党的民族工作的历史方位；必须把推动各民族为全面建设社会主义现代化国家共同奋斗作为新时代党的民族工作的重要任务；必须以铸牢中华民族共同体意识为新时代党的民族工作的主线；必须坚持正确的中华民族历史观；必须坚持各民族一律平等；必须高举中华民族大团结旗帜；必须坚持和完善民族区域自治制度；必须构筑中华民族共有精神家园；必须促进各民族广泛交往交流交融；必须坚持依法治理民族事务；必须坚决维护国家主权、安全、发展利益；必须坚持党对民族工作的领导。习近平总书记关于加强和改进民族工作的重要思想，是马克思主义民族理论中国化的最新成果，是党的民族工作理论和实践的智慧结晶。

深刻把握做好新时代民族工作的根本遵循

习近平总书记关于加强和改进民族工作的重要思想，立意高远、内涵丰富、思想深邃，是习近平新时代中国特色社会主义思想的重要组成部分，标志着我们党对民族问题的认识、对民族工作规律的把握运用达到了新高度，为做好新时代党的民族工作提供了行动指南和根本遵循。

立足新时代的历史方位统筹谋划和推进民族工作。习近平总书记强调："必须从中华民族伟大复兴战略高度把握新时代党的民族工作的历史方位，以实现中华民族伟大复兴为出发点和落脚点，统筹谋划和推进新时代党的民族工作。"中国特色社会主义进入新时代，这是我国发展新的历史方位，也是民族工作新的历史方位。全国各族人民要在新的历史条件下继续夺取中国特色社会主义伟大胜利，实现中华民族伟大复兴。经过不懈努力，民族地区与全国一道全面建成小康社会，我们实现了第一个百年奋斗目标，各族人民凝聚力向心力极大增强。然而，实现中华民族伟大复兴的征程并不会一帆风顺，我们还面临着更为艰巨的任务、更为复杂的挑战。新时代的民族工作必须符合时代特点、回应时代要求，更好服务党和国家事业发展全局，把各族人民智慧和力量最大限度凝聚起来，同心同德为实现中华民族伟大复兴的中国梦而奋斗。

把铸牢中华民族共同体意识作为党的民族工作的主线。党的十八大以来，以习近平同志为核心的党中央把铸牢中华民族共同体意识作为党的民族工作的主线。习近平总书记强调："铸牢中华民族共同体意识是新时代党的民族工作的'纲'，所有工作要向此聚焦。"铸牢中华民族共同体意识，就是要引导各族人民牢固树立休戚与共、荣辱与共、生死与共、命运与共的共同体理念。铸牢中华民族共同体意识是维护各民族根本利益的必然要求，是实现中华民族伟大复兴的必然要求，是巩固和发展平等团结互助和谐社会主义民族关系的必然要求，是党的民族工作开创新局面的必然要求，必须贯穿于民族工作各领域、全过程，把维护国家统一和民族团结的思想长城构筑得更加坚固，推动中华民族成为认同度更高、凝聚力更强的命运共同体。

面对世界百年未有之大变局和现实民族问题谋应对之策。当今世界正经历百年未有之大变局，进入新的动荡变革期，影响各民族交往交流交融的因素仍然复杂多样，民族领域意识形态斗争仍然尖锐复杂，国际势力干扰破坏我国民族团结的风险不容小觑。随着全面建设社会主义现代化国家新征程的开启，少数民族和民族地区迎来了新的发展机遇，但民族地区发展不平衡不充分问题仍然相对突出，给我国国家统一、民族团结和社会稳定带来挑战。习近平总书记强调："要赋予所有改革发展以彰显中华民族共同体意识的意义，以维护统一、反对分裂的意义，以改善民生、凝聚人心的意义，让中华民族共同体牢不可破。"习近平总书记关于加强和改进民族工作的重要思想，以宽广的视野、强烈的问题意识把握民族领域现实问题，具有很强的现实针对性和指导性，为我们有效应对民族领域可能出现的风险挑战指明了正确方向和路径。

既一脉相承又与时俱进推进党的民族理论和民族政策创新发展。习近平总书记不仅对我们党关于加强和改进民族工作的重要思想作出了 12 个方面的概括，还作出了一系列重大创新性论述。

比如，铸牢中华民族共同体意识的内涵和重大意义，正确把握共同性和差异性的关系、中华民族共同体意识和各民族意识的关系、中华文化和各民族文化的关系、物质和精神的关系，等等。习近平总书记关于加强和改进民族工作的重要思想，坚持马克思主义民族理论中国化方向，继承党的民族理论和民族政策，从党的百年奋斗历程把握现阶段民族工作的历史方位和重要使命，面向新时代，回答新问题，提出新思路，坚持在继承中发展、在发展中创新。新时代坚持走中国特色解决民族问题的正确道路，必须把习近平总书记关于加强和改进民族工作的重要思想不折不扣地贯彻到民族领域各个方面、落实到民族工作各个环节，铸牢中华民族共同体意识，为实现中华民族伟大复兴汇聚磅礴之力。

《人民日报》2022 年 3 月 28 日第 9 版

深刻理解中华文明突出的统一性

邢广程

在几千年历史长河中，中国形成了统一的多民族、拥有14亿多人口而又精神上文化上高度团结统一的国家，这在世界上是独一无二的。习近平总书记在文化传承发展座谈会上发表的重要讲话，将"具有突出的统一性"作为中华文明的突出特性之一。习近平总书记指出："中华文明的统一性，从根本上决定了中华民族各民族文化融为一体、即使遭遇重大挫折也牢固凝聚，决定了国土不可分、国家不可乱、民族不可散、文明不可断的共同信念，决定了国家统一永远是中国核心利益的核心，决定了一个坚强统一的国家是各族人民的命运所系。"深入学习领会习近平总书记关于中华文明具有突出的统一性的重要论述，对于我们在强国建设、民族复兴的新征程上凝聚起勇往直前、无坚不摧的强大力量具有重大意义。

中华文明突出的统一性的历史表现

习近平总书记指出："在几千年历史长河中，中国人民始终团结一心、同舟共济，建立了统一的多民族国家，发展了 56 个民族多元一体、交织交融的融洽民族关系，形成了守望相助的中华民族大家庭。"从古至今，各民族都为祖国大家庭的形成和发展贡献了力量。建立了向内凝聚的统一多民族国家和形成了多元一体的中华民族大家庭是中华文明具有突出的统一性的重要历史表现。

建立向内凝聚的统一多民族国家。我国地理特征为西高东低，大江大河多呈"一江春水向东流"之势。这样的地理条件决定了中原地区的黄河流域自然环境比较优越，经济发展较快，文化水平比较先进，能够对周围地区产生辐射力和吸引力。早在先秦时期，我国就逐渐形成了以华夏族为凝聚核心、"五方之民"共天下的交融格局。中原地区的华夏族从黄河中下游向外发展，逐步形成了汉族；生活在中原地区周边的少数民族部落逐步向内聚集，形成了多民族融合互动、向内凝聚的自然历史过程。此后，我国历史上的政治局面大致可以归为三类，即以汉族为主体的统一王朝、以少数民族统治者为主建立的统一王朝、多民族王朝并立，这三类政治局面都表现出极强的向内凝聚特性。以汉族为主体的统一王朝通过中原地区经济、社会和文化的发展，协同和带动周边少数民族发展，形成强大的向内凝聚力；以少数民族统治者为主建立的统一王朝本身就是向内凝聚的产物，这些王朝入主中原后又极大地带动了周边少数民族向内凝聚的趋势；在多民族王朝并立的时期，各并立的王朝都以正统自居，并极力争夺中原地区的"正统"地位，即使在这样的时期，大一统思想依然在起作用，中华文明依然表现出突出的统一性，各民族文化融为一体的内聚性依然在发展。这些历史现象的产生，很重要的一个原因是秦朝实行"书同文，车同轨，量同衡，行同伦"，成为中国统一的多民族国家的重要起点。此后，无论哪个民族入主中原，都以"统一天下"为己任。这表明，在中国历史发展进程中，各民族逐步形成了强大的凝聚力，向内凝聚的结果使中华文明呈现出突出的统一性。

形成多元一体的中华民族大家庭。"多元一体"中的"多元"和"一体"深刻反映了中华民族各民族内在的多样性和统一性之间辩证和谐的共同体关系，恰如其分地反映了中华文明起源和发展的模式。目前我国有 56 个民族，各民族在漫长的历史进程中形成了各自的文化传统，此为"多元"。不过，这些民族从来不是以相互隔绝、相互排斥状态出现的，各民族大杂居小聚居，相互嵌入，具有不可分割的内在联系，形成了共同体，此即"一体"，这就是中华民族。在中华民族共同体中各民族之间你中有我、我中有你，谁也离不开谁，形成了强烈的共同体意识、共同价值追求和文化认同，56 个民族这个"多元"在中华民族这个"一体"中得到充分体现。鸦片战争以后，中国逐步沦为半殖民地半封建社会，国家蒙辱、人民蒙难、文明蒙尘，中国人民遭受了前所未有的劫难。一部中国近代史就是各族人民团结起来救亡图存的历史。在外来侵略寇急祸重的严峻形势下，我国各族人民手挽着手、肩并着肩，英勇奋斗，浴血奋战，打败了穷凶极恶的侵略者，捍卫了民族独立和自由，共同书写了中华民族保卫祖国、抵御外侮的壮丽史诗。在中华民族和中华文明的危急时刻，各民族总是能够同仇敌忾、保家卫国，生动体现了中华文明突出的统一性。

中华文明突出的统一性对于中华民族发展的重大意义

一部中国史，就是一部各民族交融汇聚成多元一体中华民族的历史。习近平总书记关于中华文明具有突出的统一性的重要论述，深刻揭示了中华文明突出统一性对于中华民族发展的重大意义，我们要深入学习领会其丰富历史内涵和鲜明时代价值。

中华民族各民族文化融为一体、即使遭遇重大挫折也牢固凝聚。在漫长的历史长河中，中华大地上各民族通过交往互动，逐步形成了水乳交融的和谐关系，共同营造了统一的共有精神家园。这个统一的共有精神家园容纳和融合了各民族各具特色的文化，最终融为一体，并形成中华民族共同体意识。历史上中华民族虽曾遭遇很多挫折，但中华文明始终一脉相承、绵延至今，一个基础性原因就是在中华文明突出的统一性作用下，中华民族各民族拥有"融为一体"的共有精神家园。

中华民族各民族拥有国土不可分、国家不可乱、民族不可散、文明不可断的共同信念。国土是中华民族各民族共同生活、繁衍生息的疆域和空间，是我们前辈世世代代留下来的极其宝贵的不动产。在中国历史上，一切分裂国土的行为都没有好下场，都受到了历史的惩罚。现在和未来，一切妄想分裂国土的行径也都不会有好下场。国家是中华民族各民族共同创造的，是我们共同的家园。在中国历史上，一切搞乱国家的行径都受到了历史的无情审判。现在和未来，一切妄想搞乱国家的行径也必然遭到全体中国人民的反对和谴责。在中国历史上，中国人用血的代价换来的宝贵经验教训是，团结统一是福、分裂动荡是祸。现在和未来，一切妄想拆散民族的行径也一定会遭到历史的惩罚和人民的唾弃。中华文明是世界上唯一绵延不断且以国家形态发展至今的伟大文明。我国先民创造的许多伟大文明成果具有超越时空的永恒价值，现代中国和未来中国必定传承中华文明，必然走自己的文明之路。

国家统一永远是中国核心利益的核心。自公元前 221 年秦朝建立至今的 2000 多年里，统一始终是中国历史的主流。中国历史上的教训时刻提醒着我们：国家分裂必然意味着社会动荡，而社会动荡则是生灵涂炭的开始，绝不能容许国家分裂的历史悲剧重演。当前，实现中华民族伟大复兴进入了不可逆转的历史进程。实现祖国完全统一，是全体中华儿女的共同愿望，是实现中华民族伟大复兴的必然要求。中华文明突出的统一性告诉我们，国家统一过去是、现在是、未来永远都是中国核心利益的核心。

一个坚强统一的国家是全国各族人民命运所系。近代以来的中国历史表明，一个羸弱的国家不可能维护住国家的核心利益，不可能保护好各民族群众，不可能给全体中国人民带来幸福安宁。新中国的成立向世界宣告，中国人民从此站起来了，中华民族任人宰割、饱受欺凌的时代一去不复返了。新中国成立后，中国共产党团结带领全国各族人民实现了中华民族从站起来到富起来的伟大飞跃，迎来了中华民族从富起来到强起来的伟大飞跃。历史经验充分证明，一个坚强统一的国家才能维护国家主权、统一和领土完整，捍卫国家主权、安全、发展利益，才是各族人民利益所系、幸福所系、命运所系。

为深入研究中华文明突出的统一性贡献史学力量

古往今来，历代中国人民都用自己的行动维护着中华文明突出的统一性。面向未来，我国历史研究工作者应不断深化研究，为传承和巩固中华文明突出的统一性贡献史学力量。

做好重大学术问题研究。广大历史研究工作者要坚持以习近平新时代中国特色社会主义思想为指导，全面贯彻落实习近平总书记关于历史研究的系列重要讲话和重要指示批示精神，以重大问题为抓手，做好中华文明突出统一性的学术研究工作。具体来看，我们要进一步回答好中华文明起源、形成、发展的基本图景、内在机制以及各区域文明演进路径等重大问题；深入研究阐释中华文明起源所昭示的中华民族共同体发展路向和中华民族多元一体演进格局；讲清楚中华文明是什么样的文明、中国是什么样的国家，讲清楚中国人的宇宙观、天下观、社会观、道德观，展现中华文明的悠久历史和人文底蕴；等等。

推动创造性转化、创新性发展。我国古代思想家和历史学家所确立的六合同风、九州共贯的大一统思想是中华优秀传统文化中的精华。中华民族始终把大一统视为"天地之常经，古今之通义"，长期的大一统传统塑造了中华文明突出的统一性。大一统传统和理念具有重要时代价值。中国历史研究院首批重点课题之一《清代国家统一史》从国家统一的视角客观阐述清代国家实现统一、巩固统一和维护统一的历史进程，较好地体现了大一统思想。我们要继续做好古代大一统思想的深度研究，推动其创造性转化、创新性发展，实现大一统传统与现代国家统一的有机衔接，不断筑牢中国人民国家认同的坚实文化基础。

深入总结历史经验。司马迁在《史记》中将少数民族纳入中国史，随后的历代史著都延续这个体例和传统。这些史著真实客观和系统地记载了中华民族各民族融为一体的历史事实，体现出我国古代史学维护中华文明突出统一性的担当。今天，我们要着力提高中华义明突出统一性的研究水平，整合中国历史、世界历史、考古等方面研究力量，深入总结中华文明和中华民族实现、巩固和维护国家统一的历史经验，揭示维护国家统一的历史规律，把握国家统一的历史趋势，推动有关中华文明突出统一性的历史研究不断走深走实，推出一批有思想穿透力的精品力作。

《人民日报》2023 年 7 月 31 日第 9 版

不断构筑中华民族共有精神家园

潘 岳

习近平总书记强调："文化是一个民族的魂魄，文化认同是民族团结的根脉。"习近平总书记的重要论述，为我们做好新时代党的民族工作指明了前进方向、提供了根本遵循。我们要深刻领悟"两个确立"的决定性意义，增强"四个意识"、坚定"四个自信"、做到"两个维护"，深入学习贯彻习近平文化思想，全面贯彻落实习近平总书记关于加强和改进民族工作的重要思想，围绕铸牢中华民族共同体意识这一主线，推进中华民族共有精神家园建设。

准确把握中华民族共有精神家园的文明特质

中华文明具有突出的连续性、创新性、统一性、包容性、和平性，塑造了你中有我、我中有你、血脉相连、不可分割的中华民族共同体。必须顺应中华民族从历史走向未来、从传统走向现代、从多元凝聚为一体的发展大趋势，深刻理解把握中华文明的突出特性，在新的历史起点上不断构筑中华民族共有精神家园，为铸牢中华民族共同体意识奠定坚实的精神和文化基础。

中华文明突出的连续性形塑了中华民族共同体独特的历史意识和历史自觉。中华文明是世界上唯一绵延不断且以国家形态发展至今的伟大文明。中华民族的连续性突出反映在历代王朝接续正统的政治实践和历史书写。不管哪个民族建立的全国性政权，都认同中华文化，都把自己归入整个中华民族的历史发展。深厚的家国情怀与深沉的历史意识，成为中华文明历经数千年而绵延不绝、迭遭忧患而经久不衰的精神支撑。

中华文明突出的创新性塑造了中华民族共同体革故鼎新的创造精神。中华民族始终以"苟日新，日日新，又日新"的精神不断创造自己的物质文明、精神文明、政治文明等，在很长的历史时期内作为最繁荣最强大的文明体屹立于世。中华文明的创新性，始终是历史发展的内在动力，让中华民族生生不息，不断返本开新。作为中华优秀传统文化的忠实继承者和弘扬者，中国共产党以马克思主义真理之光激活中华文明的基因，推动中华优秀传统文化创造性转化、创新性发展，中华民族在经济发展、制度建构、文化建设、社会治理、技术变革等方面不断取得新的成就。

中华文明突出的统一性奠定了中华民族共同体维护大一统的人心根基。中华文明长期的大一统传统，形成了多元一体、团结集中的统一性。"大一统"作为观念、制度和文化特性，是千百年来中华民族的共同实践。自秦开启中国统一的多民族国家发展历程后，无论哪个民族入主中原，都以统一天下为己任，都以中华文化的正统自居。中华文明的统一性，从根本上决定了中华民族各民族文化融为一体、即使遭遇重大挫折也牢固凝聚，决定了国土不可分、国家不可乱、民族不可散、文明不可断的共同信念，决定了国家统一永远是中国核心利益的核心，决定了一个坚强统一的国家是各族人民的命运所系。

中华文明突出的包容性涵养了中华民族共同体海纳百川的开放格局。中华文化认同超越地域乡土、血缘世系、宗教信仰等，把内部差异极大的广土巨族整合成多元一体的中华民族。包容性决定了中华民族历史发展的主流是团结和谐。几千年来，尽管有过内部战争和冲突，但中华文明的包容性，从根本上决定中华民族交往交流交融的历史取向，"合"是主流，"交"是过程，"融"是关键。中华民族越是包容，就越能接纳更多族群融入；不同族群越是融入，就越是认同中华文明，推动中华民族延绵发展。包容性还决定了中华民族接纳世界文明的宽广胸怀，中华民族对于内部文化多样性和各种外部文明表现出了兼收并蓄的包容态度。

中华文明突出的和平性彰显了中华民族共同体协和万邦的天下情怀。几千年来，中华民族自力更生，与周边国家和睦相处。

即便在国力最鼎盛的时候，也从没有向外征服扩张，从没有殖民统治周边国家，从没有对外搞文化霸权。中华民族共同体不搞强求一致的极端同化，更不搞以邻为壑的孤立隔离，而是走出一条在多元性中寻求共同性的中正之道。当今世界，构建人类命运共同体是世界各国人民前途所在。中华文明的和平性赋予构建人类命运共同体深厚文明内涵，构建人类命运共同体彰显了中华文明和平性的时代价值。

深刻理解构筑中华民族共有精神家园的内在逻辑

铸牢中华民族共同体意识、构筑中华民族共有精神家园，是党中央着眼于维护中华民族大团结、实现中华民族伟大复兴作出的重大战略决策，是习近平文化思想、习近平总书记关于加强和改进民族工作的重要思想的重要内容。我们要深刻理解构筑中华民族共有精神家园的理论逻辑、历史逻辑、实践逻辑。

构筑中华民族共有精神家园体现"两个结合"的理论创新机理。中华优秀传统文化中天下为公、天下大同的社会理想，九州共贯、多元一体的大一统传统，修齐治平、兴亡有责的家国情怀，厚德载物、明德弘道的精神追求，讲信修睦、亲仁善邻的交往之道等，为构筑中华民族共有精神家园奠定了历史根基和文化基础。构筑中华民族共有精神家园，遵循马克思主义民族理论的基本原理，汲取中华优秀传统文化的思想智慧，是马克思主义民族理论中国化时代化的重要成果。

构筑中华民族共有精神家园顺应中华民族交往交流交融的历史趋势。一部中国史，就是一部各民族文化交融汇聚成多元一体中华文化的历史，就是一部各民族共同创造、培育中华文化的历史。历史上，从赵武灵王胡服骑射到北魏孝文帝汉化改革，从"洛阳家家学胡乐"到"万里羌人尽汉歌"，从边疆民族习用"上衣下裳""雅歌儒服"到中原盛行"上衣下裤"、胡衣胡帽，以及今天随处可见的舞狮、胡琴、旗袍等，展现了各民族文化的互鉴融通。构筑中华民族共有精神家园，就是要顺应中华民族交往交流交融的历史，充分汲取各民族文化中的营养，引导各民族将中华文化内化为共建、共有、共享的精神家园。

构筑中华民族共有精神家园来自我们党推动中华民族文化建设的经验总结。百余年来，我们党始终坚持将建设中华民族共有精神家园置于革命、建设、改革事业的战略布局中统筹谋划。革命年代，毛泽东同志提出："建立中华民族的新文化，这就是我们在文化领域中的目的。"新中国成立后，我们党把新文化作为新社会、新国家建设的重要内容。改革开放后，我们党提出社会主义精神文明建设的重大命题。新时代，文化建设被纳入"五位一体"总体布局，文化自信成为"四个自信"的重要内容。在文化传承发展座谈会上，习近平总书记强调新的文化使命，为构筑中华民族共有精神家园指明了方向。

不断拓展构筑中华民族共有精神家园的实践路径

构筑中华民族共有精神家园，是铸牢中华民族共同体意识的关键。我们要把构筑中华民族共有精神家园作为战略任务来抓，让各民族人心归聚、精神相依。

坚持理论指引。坚持不懈用习近平新时代中国特色社会主义思想凝心铸魂，深入学习贯彻习近平文化思想，全面贯彻落实习近平总书记关于加强和改进民族工作的重要思想。立足中华民族悠久历史，加强中华民族共同体理论体系建设，科学揭示中华民族形成和发展的道理学理哲理。推动高等学校相关学科建设，优化民族学学科设置，把准研究方向，深化中华民族共同体基础理论和重大现实问题研究，加快形成中国自主的中华民族共同体史料体系、话语体系、理论体系。

树立正确史观。推动各民族树立正确的中华民族历史观，准确认识中华文明起源和历史脉络，准确认识中华民族和中华文明的多元一体，准确认识中华文明的灿烂成就和对人类文明的重大贡献。加强中华民族史研究，推进《中华民族交往交流交融史》编纂工程，编纂中华民族通史，做好古籍整理出版工作，增强各民族对中华民族的认同感和自豪感。

追求共同价值。在各民族群众中深入培育和践行社会主义核心价值观，继承和发扬以伟大建党精神为源头的中国共产党人精神谱系，用共同理想信念凝聚人心。建立宣传教育常态化机制，加强各族群众铸牢中华民族共同体意识教育，创新方式讲好中华民族共同体的故事。加强现代文明教育，深入实施文明创建、公民道德建设、时代新人培育等工程，引导各族群众在思想观念、精神情趣、生活方式上向现代化迈进。

深化文化认同。构建中华文化特征、中华民族精神、中国国家形象的表达体系，树立和突出各民族共享的中华文化符号和中华民族形象。加大各民族优秀文化遗产保护力度，实施重点文物保护工程，在增强对中华文化认同的基础上推动各民族文化创造性转化、创新性发展。打造一批具有中华文化底蕴、充分汲取各民族文化营养、融合现代文明的书籍、舞台艺术作品、影视作品、美术作品等。全面加强民族地区国家通用语言文字教育教学，全面推行使用国家统编教材，科学保护各民族语言文字，以语言相通促进心灵相通、命运相通。

共担奋斗使命。讲好中华民族故事，大力宣介中华民族共同体意识。引导各民族始终把中华民族根本利益放在首位，继承和发扬爱国主义传统，自觉维护祖国统一、民族团结。深化民族团结进步教育和创建，巩固和发展平等团结互助和谐的社会主义民族关系，促进各民族在理想、信念、情感、文化上的团结统一。完善差别化区域支持政策，支持民族地区全面深化改革开放，提升自我发展能力，凝聚各民族为以中国式现代化全面推进强国建设、民族复兴伟业而共同奋斗。

《人民日报》2023 年 12 月 13 日第 9 版

深刻把握铸牢中华民族共同体意识

王志民

党的十八大以来，习近平总书记站在实现中华民族伟大复兴的战略高度，深刻总结党的民族工作理论和实践经验，进一步拓展中国特色解决民族问题的正确道路，形成了习近平总书记关于加强和改进民族工作的重要思想，开辟了马克思主义民族理论中国化时代化新境界，党的民族工作取得新的历史性成就。习近平总书记鲜明提出把铸牢中华民族共同体意识作为新时代党的民族工作和民族地区各项工作的主线，实现了党在民族工作理论和实践上的重大创新，标志着我们党对民族问题的认识和把握达到了一个新高度，为做好新时代党的民族工作指明了正确方向。

深入学习领会铸牢中华民族共同体意识的重大理论和实践意义

习近平总书记指出："铸牢中华民族共同体意识，就是要引导各族人民牢固树立休戚与共、荣辱与共、生死与共、命运与共的共同体理念。"我们要树立大历史观、增强全局视野、坚持问题导向，深入学习领会铸牢中华民族共同体意识的重大理论和实践意义。

对中华民族数千年历史发展脉络的科学总结。中华民族数千年的发展历程，就是一部各民族交往交流交融的历史。在历史演进中，我国各民族在分布上交错杂居、文化上兼收并蓄、经济上相互依存、情感上相互亲近，形成了你中有我、我中有你，谁也离不开谁的多元一体格局。几千年来，中华民族始终把大一统看作是"天地之常经，古今之通义"，即使处于最孱弱的时期也没有分崩离析，靠的就是中华民族有着国土不可分、国家不可乱、民族不可散、文明不可断的共同信念。进入新时代，我们党鲜明提出铸牢中华民族共同体意识，这是总结中华民族数千年发展历史作出的重大论断，体现了以习近平同志为核心的党中央对历史大势和时代特征的深刻洞察。

对新时代党的民族工作历史方位和使命任务的准确把握。在不同历史时期，党的民族工作的着力重点有所不同。革命战争年代，民族工作重点任务是对外摆脱帝国主义的侵略压迫，谋求中华民族的独立与解放；对内反对独裁统治，铲除民族压迫，谋求民族平等、团结和进步。新中国成立后，民族工作重点任务是消除民族压迫和歧视、实现民族平等，保证各民族共同当家作主。改革开放以来，民族工作重点任务是支持民族地区加快发展，改变封闭落后面貌，强调各民族共同团结奋斗、共同繁荣发展。进入新时代，民族工作面临新的历史方位和使命任务，如何进一步激发中华民族的凝聚力和向心力，增强中华民族大团结，团结动员各民族为推进强国建设、民族复兴伟业而共同奋斗，是必须解决好的重大时代课题。以铸牢中华民族共同体意识为主线，就是要引导全国各族人民坚定对伟大祖国、中华民族、中华文化、中国共产党、中国特色社会主义的高度认同，促进各民族在中华民族大家庭中像石榴籽一样紧紧抱在一起，最大限度凝聚起实现中华民族伟大复兴的磅礴力量。

对当前民族工作短板弱项和民族领域风险隐患的深刻洞察。新中国成立特别是改革开放以来，民族地区经济社会快速发展，民族团结进步不断推进，中华民族共同体的思想基础不断打牢。党的十八大以来，党的民族工作面临着新的形势和任务，更需做好防范化解民族领域风险隐患工作。比如，民族地区发展迈上新台阶，但发展不平衡不充分问题仍然相对突出；对中华民族共同体的理论研究还比较薄弱；等等。只有铸牢中华民族共同体意识，按照增进共同性的方向改进工作，有针对性地补齐短板弱项，才能构建起维护国家统一和民族团结的坚固思想长城，有效防范化解民族复兴进程中可能出现的重大风险隐患。

坚定不移走中国特色解决民族问题的正确道路的重大成果，"两个结合"在民族工作领域的重大实践

习近平总书记关于铸牢中华民族共同体意识的重要论述，坚持马克思主义经典作家的理论本源，继承中华优秀传统文化的深厚根脉，赓续我们党在民族问题上的一贯主张，以具有中国特色、中国风格、中国气派的原创性理论成果，开辟了马克思主义民族理论中国化时代化新境界。

民族问题是一个世界性的重大问题。马克思主义民族理论深刻阐明了民族、民族交往、民族关系、民族问题发展的一般规律，为我们党探索解决民族问题提供了理论指导。中国共产党自成立之日起，就坚持把马克思主义民族理论同中国具体实际相结合，在百余年探索中走出了一条中国特色解决民族问题的正确道路。新民主主义革命时期，我们党在根据地局部执政的探索中将中国民族问题的解决同中国革命的总任务结合起来，领导各族人民浴血奋战、百折不挠，推翻了"三座大山"，赢得了民族独立、人民解放，实现了各族人民共同当家作主。社会主义革命和建设时期，我们党在全面执政的实践中确立了以民族平等、民族团结、民族区域自治、各民族共同繁荣为主要内容的民族理论和民族政策基本框架，形成民族工作的一系列基本制度和政策，各民族在社会主义制度下实现了真正意义上的平等团结进步。改革

开放和社会主义现代化建设新时期，我们党把民族工作重心转向为经济建设服务，巩固和发展社会主义新型民族关系，深化和发展党的民族理论和民族政策，作出一系列加强和改进民族工作的重大部署，开创了民族团结进步事业新局面。新时代以来，以习近平同志为核心的党中央坚持马克思主义关于民族问题的基本理论和基本观点，强调中华民族大家庭、中华民族共同体、铸牢中华民族共同体意识等理念，既一脉相承又与时俱进贯彻党的民族理论和民族政策，形成了习近平总书记关于加强和改进民族工作的重要思想，深刻阐述中国特色解决民族问题的正确道路的科学内涵，明确了以铸牢中华民族共同体意识为主线推进新时代党的民族工作高质量发展的指导思想、战略目标、重点任务、政策举措，推动党的民族工作取得新的历史性成就。

铸牢中华民族共同体意识，深深植根于中华文明的突出特性，是坚持把马克思主义基本原理同中华优秀传统文化相结合的生动体现。中华民族具有"向内凝聚"的统一性追求，各民族文化融为一体、即使遭遇重大挫折也牢固凝聚；中华文化认同超越地域乡土、血缘世系、宗教信仰等，把内部差异极大的广土巨族整合成多元一体的中华民族；中华民族具有交往交流交融的历史取向，中国存在各宗教信仰多元并存的和谐格局；等等。这些都深刻反映了中华文明的突出特性。正是这种突出特性，为马克思主义民族理论同中华优秀传统文化相结合奠定了坚实基础。比如，中国古代既强调"天下一统"又重视"因俗而治"，奉行"修其教不易其俗，齐其政不易其宜"等治理理念，这与马克思主义强调的既争取民族平等又承认民族差异、按照民族发展规律处理民族问题有着高度契合之处。总之，在马克思主义真理力量的作用下，中华优秀传统文化中的天下观、家国情怀、大一统传统被充分激活，并被赋予新的时代内涵，为铸牢中华民族共同体意识提供了丰厚滋养。

在以中国式现代化全面推进强国建设、民族复兴的历史进程中加强中华民族共同体建设

全面建设社会主义现代化国家，一个民族都不能少。这是亘古未有的伟大事业，必须依靠各族人民同舟共济、携手并进，在推进中国式现代化的历史进程中，构建牢不可破的中华民族共同体。

坚定不移用习近平总书记关于加强和改进民族工作的重要思想武装头脑、指导实践、推动工作。习近平总书记关于加强和改进民族工作的重要思想，是马克思主义民族理论中国化时代化的最新成果，构成了一个科学的理论体系，为做好新时代党的民族工作提供了根本遵循，是新时代新征程党的民族工作履行新使

命、完成新任务的思想武器，具有重大政治意义、理论意义、实践意义。要全面学习领会习近平总书记关于加强和改进民族工作的重要思想，牢牢扭住铸牢中华民族共同体意识这一主线，自觉将其贯穿到党的民族工作全过程和各领域，把是否有利于铸牢中华民族共同体意识作为衡量和检验民族工作成效的根本标准，切实把学习贯彻成效转化为推动工作的强大动能。

加强和完善党对民族工作的全面领导。加强和完善党的全面领导，是做好新时代民族工作的根本政治保证。要深刻领悟"两个确立"的决定性意义，增强"四个意识"、坚定"四个自信"、做到"两个维护"，把党的领导贯穿于民族工作全过程和各方面，加快构建新时代党的民族工作格局。要努力建设一支维护党的集中统一领导态度特别坚决、明辨大是大非立场特别清醒、铸牢中华民族共同体意识行动特别坚定、热爱各族群众感情特别真挚的民族地区干部队伍。要加强民族地区基层政权建设，确保党的民族理论和民族政策到基层有人懂、民族工作在基层有人抓。

坚定不移走中国特色解决民族问题的正确道路。道路问题至关重要。回顾党的百余年奋斗历程，党的民族工作取得的最大成就，就是走出了一条中国特色解决民族问题的正确道路。这条道路来之不易，是在我们党团结带领全国各族人民长期奋斗中形成和发展起来的，是尊重历史、符合国情、顺应人心的正确选择，必须倍加珍惜、始终坚持。

牢牢把握做好新时代民族工作的重点任务。习近平总书记强调："铸牢中华民族共同体意识是新时代党的民族工作的'纲'，所有工作要向此聚焦。"新时代新征程，需要重点解决好以下几个问题：一是全面推进中华民族共有精神家园建设；二是推动各民族共同走向社会主义现代化；三是促进各民族交往交流交融；四是提升民族事务治理体系和治理能力现代化水平；五是坚决防范民族领域重大风险隐患。

《人民日报》2024 年 3 月 22 日第 9 版

构建中华民族共同体理论体系的
着力点

麻国庆

铸牢中华民族共同体意识是新时代党的民族工作和民族地区各项工作的主线。习近平总书记指出："铸牢中华民族共同体意识，需要构建科学完备的中华民族共同体理论体系。"中华民族共同体理论体系，是由一系列概念、范畴、原理等构成的完整知识结构和思想体系，反映对中华民族共同体这一客观存在的规律性认识，体现中华民族共同体的本质、内涵、要求等，对铸牢中华民族共同体意识发挥着理论支撑作用。新时代新征程，要坚持以习近平新时代中国特色社会主义思想为指导，深入学习贯彻习近平总书记关于加强和改进民族工作的重要思想，积极构建中华民族共同体理论体系，推动各族群众科学认知进而自觉践行中华民族共同体意识，为推进和拓展中国式现代化广泛凝聚共识和力量。

遵循中华民族发展的历史逻辑

习近平总书记强调："构建中华民族共同体理论体系，必须立足中华民族悠久历史"，"遵循中华民族发展的历史逻辑、理论逻辑"。理论体系的构建离不开历史脉络的梳理。各族人民共同缔造统一的多民族国家，是我国的基本国情。中华民族共同体是在我国各族人民共同书写的历史中逐渐融聚而成的。梳理中华民族形成和发展的过程，揭示中华民族共同体的演进规律，从中抽象出道理、学理、哲理，方能使中华民族共同体理论体系建构在清晰坚实的历史和事实基础之上，并形成中国自主的中华民族共同体历史叙事体系和话语体系。

一部厚重的中国史，就是一部各民族诞生、发展、交融并共同缔造统一国家的历史，也是中华民族从自在走向自觉并且凝聚力、向心力日益增强的历史。中华民族历史的演进，具有众多民族"你来我去、我来你去，我中有你、你中有我"等特点。这样的演进特点造就了各民族在分布上的交错杂居、文化上的兼收并蓄、经济上的相互依存、情感上的相互亲近，形成了中华民族多元一体的基本格局。

多元一体是我们认识和把握中华民族悠久历史的关键词，也是构建中华民族共同体理论体系的核心概念之一。习近平总书记指出："我们讲中华民族多元一体格局，一体包含多元，多元组成一体，一体离不开多元，多元也离不开一体，一体是主线和方向，多元是要素和动力，两者辩证统一。"我们不仅有多样的族群，还有多样的区域、语言、宗教、习俗和文化。但中华民族的"多元"不是彼此分立、相互脱离的，各民族在经济、政治、文化等各个层面具有共同性和统一性。各民族交往交流交融，汇聚形成中华民族，共同创造中华文化。多元聚为一体，一体引领多元，中华民族即使在历史上最孱弱的时期也没有分崩离析，中华文明绵延发展五千多年而从未中断。

从历史逻辑出发，我们深刻认识到，中华民族有自身独特的历史，解析中华民族的历史，就不能套用西方那一套民族理论。西方民族理论研究存在过于强调不同民族间的差异性，忽略民族之间的互动性、有机联系性和共生性等问题，带有浓重的西方中心主义倾向。中华民族共同体不是"想象的共同体"，而是中华大地上不同民族融聚一体的历史结果，是你中有我、我中有你的大家庭。西方很多人习惯于把中国看作西方现代化理论视野中的近现代民族国家，没有从五千多年文明史的角度来看中国，这样就难以真正理解中华民族的过去、现在，也难以理解中华民族的未来。

构建中华民族共同体理论体系，要树立正确的中华民族历史观，从中华文明和中华民族的整体角度来看中华民族共同体的形成和发展，研究各民族交往交流交融的发生机制、历史进程及其发展规律，从中华民族共同体的高度把握历史叙述权和话语权。要把对中华民族共同体的研究置于人类文明新形态的语境之下，书写好各民族团结奋斗、共同繁荣的故事，形成增强国家凝聚力和国家认同感的中国叙事。

深化对党的民族工作历史经验的认识

习近平总书记指出："中国产生了共产党，这是开天辟地的大事变，深刻改变了近代以后中华民族发展的方向和进程，深刻改变了中国人民和中华民族的前途和命运"。中国共产党自诞生以来，始终把为中国人民谋幸福、为中华民族谋复兴作为自己的初心使命，始终致力于捍卫国家统一和民族团结，努力探索适合中国国情的解决民族问题的道路。在 1938 年召开的党的六届六中全会上，毛泽东同志明确将"团结各民族为一体"作为党的任务之一。1949 年 9 月通过的《中国人民政治协商会议共同纲领》明确提出"使中华人民共和国成为各民族友爱合作的大家庭"。1954 年制定的宪法指出，"我国各民族已经团结成为一个自由平等的民族大家庭"。改革开放后，邓小平同志阐明了社会主义新型民族关系的内涵，并强调在实现四个现代化进程中，各民族的社会主义一致性将更加发展。新时代以来，以习近平同志为核心的党中央立足新时代的历史方位统筹谋划和推进民族工作，科学回答了新时代民族工作举什么旗、走什么路等重大问题，形成了习近平总书记关于加强和改进民族工作的重要思想，把铸牢中华民族共同体意识作为新时代党的民族工作和民族地区各项工作的主线，丰富和发展了马克思主义民族理论，巩固和拓展了中国特色解决民族问题的正确道路。

加强中华民族共同体理论体系建设，需要系统梳理总结中国共产党一百多年来的民族工作历史，深化对党的民族工作历史经验的认识。

比如，深化对坚持党对民族工作领导的历史必然性的认识。鸦片战争后，面对深重的民族危机，无数仁人志士为寻求改变中华民族前途命运的道路进行了多种努力，但都以失败告终。最终只有中国共产党汇聚起全民族的力量，领导人民建立了新中国，开启了中华民族的历史新篇。要立足历史事实，运用历史眼光、比较方法，揭示只有中国共产党能够实现各民族力量整合的道理、学理、哲理，阐明做好新时代党的民族工作的根本政治保证在于坚持和完善党的全面领导。

比如，深化对党的民族理论创新机理的认识。中华民族共同体、铸牢中华民族共同体意识等，是新时代我们党把马克思主义民族理论同中国具体实际相结合、同中华优秀传统文化相结合而提出的原创性理念。需要深入研究这些理念的意义、内涵、实质等，研究这些理念的马克思主义民族理论思想渊源，研究中华民族大一统历史传统及其制度实践对这些理念的历史文化滋养，把党的民族理论的创新过程和机理呈现出来、揭示出来。

加强对中华民族共同体建设重大现实问题的研究

中华民族大团结是以中国式现代化全面推进中华民族伟大复兴的前提和基础。构建中华民族共同体理论体系，要深入研究推进中华民族共同体建设中的一系列重大现实问题，为以中华民族大团结促进中国式现代化建设提供理论支撑。

围绕构筑中华民族共有精神家园开展研究。文化认同是民族团结的根脉。构筑中华民族共有精神家园对建设中华民族共同体至关重要。要深入研究中华民族共同体意识宣传教育的常态化路径和机制，研究中华文化特征、中华民族精神、中国国家形象表达体系的构建和运用等。要关注网络空间中华民族共有精神家园的构筑，研究如何通过网络平台建设、内容创新、生态净化等，构建铸牢中华民族共同体意识的网络传播格局。

围绕推动各民族共同迈向社会主义现代化开展研究。各民族人民既是中国式现代化的建设者，也是现代化成果的共同享有者。民族地区已经与全国一道消除绝对贫困、全面建成小康社会，迈向社会主义现代化的物质基础更加坚实。要深入分析民族地区的资源禀赋、发展条件、比较优势，研究推进民族地区高质量发展的切入点和发力点，探索扎实推进共同富裕的有效途径。

围绕促进各民族交往交流交融开展研究。当前，我国大散居、小聚居、交错杂居的民族人口分布格局不断深化，呈现出大流动、大融居的新特点。要深入研究我国各民族交往交流交融的新特点、新趋势，研究如何通过经济互嵌、文化互嵌、结构互嵌、居住互嵌、关系互嵌等推动构建互嵌式的社会结构，推动各民族进一步交往交流交融，有效促进民族团结。

围绕提升民族事务治理现代化水平开展研究。民族事务治理是国家治理的重要组成部分。在这方面，需要对加强和完善党对民族工作全面领导的体制机制、将民族事务纳入共建共治共享的社会治理格局、提升各族群众的法治意识等问题进行深入研究。要关注研判民族领域可能出现的风险隐患，分析其发生机制、应对措施等，为防范化解风险隐患提供更多智力支持。

《人民日报》2024年3月25日第9版

不断铸牢中华民族共同体意识

孙海洋

我国是一个统一的多民族国家，民族团结是各族人民的生命线。以习近平同志为核心的党中央把铸牢中华民族共同体意识作为新时代党的民族工作的主线、作为民族地区各项工作的主线，为推进中国式现代化凝聚起民族团结的磅礴力量。党的二十届三中全会《决定》提出："健全铸牢中华民族共同体意识制度机制，增强中华民族凝聚力。"我们要深刻理解、准确把握铸牢中华民族共同体意识的丰富内涵和实践要求，推动各民族坚定对伟大祖国、中华民族、中华文化、中国共产党、中国特色社会主义的高度认同，以中华民族大团结促进中国式现代化。

坚持正确的中华民族历史观。习近平总书记指出："一部中国史，就是一部各民族交融汇聚成多元一体中华民族的历史，就是各民族共同缔造、发展、巩固统一的伟大祖国的历史。"我们辽阔的疆域是各民族共同开拓的。自古以来，各族先民共同开发了祖国的锦绣河山。历经几次民族大融合，各民族你中有我、我中有你，都对今日中国疆域的形成作出了重要贡献。我们悠久的历史是各民族共同书写的。秦国开启了我国统一的多民族国家发展的历程。此后，无论哪个民族入主中原，都以统一天下为己任，都以中华文化的正统自居。我们灿烂的文化是各民族共同创造的。中华文明具有突出的包容性，各民族优秀文化都是中华文化的组成部分。各民族在文化上的交相辉映和互鉴融通，夯实了中华文化自信的根基。我们伟大的精神是各民族共同培育的。历史上，农耕文明、草原文明、海洋文明源源不断注入中华民族的特质和禀赋，共同熔铸了以爱国主义为核心的伟大民族精神。近代以后，面对亡国灭种的空前危机，各族人民共御外侮、同赴国难，中华民族实现了从自在到自觉的伟大转变。这"四个共同"是对中华民族共同体形成、发展、巩固过程的高度概括。在"四个共同"的视野下，才能清楚地看到各民族交融汇聚成多元一体中华民族的历史，正确揭示中华民族共同体形成发展的客观事实和必然逻辑，从而自觉抵制各种错误史观的干扰。

树牢休戚与共、荣辱与共、生死与共、命运与共的共同体理念。习近平总书记指出："铸牢中华民族共同体意识，就是要引导各族人民牢固树立休戚与共、荣辱与共、生死与共、命运与共的共同体理念。"这一共同体理念表明，各民族在中华民族大家庭中像石榴籽一样紧紧抱在一起，交融汇聚、多元一体；中华民族是一个命运共同体，一荣俱荣、一损俱损，各民族只有把自己的命运同中华民族的命运紧紧连在一起，才有前途、才有希望。这一共同体理念奠定了社会整合的文化基础，保障了各族群众的共同利益，提供了彼此依存的情感纽带，成为中华民族生生不息、战胜苦难、化解危机、实现复兴的内在支撑。要引导各族群众牢固树立休戚与共、荣辱与共、生死与共、命运与共的共同体理念，不断推动中华民族成为认同度更高、凝聚力更强的命运共同体。

把握民族工作方法论。习近平总书记指出："党的民族工作创新发展，就是要坚持正确的，调整过时的，更好保障各民族群众合法权益。"做好民族工作，要正确把握共同性和差异性的关系。增进共同性、尊重和包容差异性是民族工作的重要原则。共同性是主线和方向，差异性是要素和动力。要按照增进共同性的方向改进民族工作，做到共同性和差异性的辩证统一、民族因素和区域因素的有机结合。要正确把握中华民族共同体意识和各民族意识的关系。引导各民族始终把中华民族利益放在首位，本民族意识要服从和服务于中华民族共同体意识，同时要在实现好中华民族共同体整体利益进程中实现好各民族具体利益。要正确把握中华文化和各民族文化的关系。中华文化是各民族优秀文化的集大成，中华文化是主干，各民族文化是枝叶，根深干壮才能枝繁叶茂，要增强各族群众对中华文化的认同。要正确把握物质和精神的关系。要赋予所有改革发展以彰显中华民族共同体意识的意义，以维护统一、反对分裂的意义，以改善民生、凝聚人心的意义，让中华民族共同体牢不可破。这四对关系既讲两点论又讲重点论，贯穿着做好民族工作的辩证法，要将其运用到民族工作的具体实践中，推动民族工作高质量发展。

新征程上，不断铸牢中华民族共同体意识，需要从以下方面着力。

坚持党对民族工作的领导，加强根本政治保证。加强和完善党的全面领导，是做好新时代党的民族工作的根本政治保证。要深入学习贯彻习近平总书记关于加强和改进民族工作的重要思想，把党的领导贯穿民族工作全过程各方面，形成党委统一领导、政府依法管理、统战部门牵头协调、民族工作部门履职尽责、各部门通力合作、全社会共同参与的新时代党的民族工作格局。加强民族地区基层政权建设，确保基层民族工作有效运转，做到党的民族理论和民族政策到基层有人懂、民族工作在基层有人抓。

进一步全面深化改革，推动民族地区高质量发展。发展是解决民族地区各种问题的总钥匙。民族地区加快发展，要向进一步全面深化改革要动力、要活力，立足资源禀赋、发展条件、比较优势等实际，找准融入新发展格局、实现高质量发展的切入点和发力点。把改善民生、凝聚人心作为民族地区经济社会发展的出发点和落脚点，不断提高公共服务保障能力和水平，促进发展成果公平惠及各族群众，为铸牢中华民族共同体意识奠定更坚实物质基础。把铸牢中华民族共同体意识贯彻到发展的全过程和各方面，破除妨碍推进中华民族共同体建设的思想观念和体制机制弊端，推动各族群众为推进中国式现代化共同奋斗。

坚持系统观念，推动各项工作同向发力。铸牢中华民族共同体意识是一项系统工程，必须多方发力、同向发力，久久为功。要加强中华民族共同体理论体系建设，立足中华民族悠久历史，坚持"两个结合"，科学揭示中华民族形成和发展的道理学理哲理，夯实铸牢中华民族共同体意识的学理基础。不断构筑中华民族共有精神家园，加强党史、新中国史、改革开放史、社会主义发展史、中华民族发展史宣传教育，用共同理想信念凝心铸魂，强化铸牢中华民族共同体意识的文化支撑。促进各民族广泛交往交流交融，推进各民族人口流动融居，构建互嵌式社会结构和社区环境，创造更加完善的各族群众共居共学、共建共享、共事共乐的社会条件，拓宽铸牢中华民族共同体意识的实践路径。讲好中华民族故事，创新传播方式，丰富传播内容，拓宽传播渠道，提升铸牢中华民族共同体意识的传播效能。

《人民日报》2024 年 8 月 21 日第 9 版

构筑中华民族共有精神家园

郝亚明

习近平总书记在 2024 年全国民族团结进步表彰大会上强调："着力构筑中华民族共有精神家园，为推进中华民族共同体建设提供强大精神文化支撑。"我国各民族之所以团结融合，多元之所以聚为一体，源自各民族文化上的兼收并蓄、经济上的相互依存、情感上的相互亲近，源自中华民族追求团结统一的内生动力。构筑中华民族共有精神家园，使各民族人心归聚、精神相依，形成人心凝聚、团结奋进的强大精神纽带，才能推动中华民族走向包容性更强、凝聚力更大的命运共同体。构筑中华民族共有精神家园，要正确把握共同性和差异性、中华民族共同体意识和各民族意识、中华文化和各民族文化、物质和精神的关系，进一步增强各民族群众对中华民族大家庭的归属感，坚定对伟大祖国、中华民族、中华文化、中国共产党、中国特色社会主义的高度认同，让中华民族共同体牢不可破。

正确把握共同性和差异性的关系。增进共同性、尊重和包容差异性是民族工作的重要原则。共同性是主线和方向，差异性是要素和动力。中华民族共有精神家园中"共有"一词，有多元一体的含义，既表明中华民族是由 56 个民族组成的民族共同体，也说明中华文化由各民族文化融汇而成，是各民族文化的集大成。"共有"一词指明了中华民族共有精神家园的建设方向。一方面，中华民族共有精神家园本质上属于精神文化认同，"共有"的实质是各民族在精神文化层面所彰显出来的融通互嵌；另一方面，中华民族共有精神家园内在蕴含着对中华民族共同性的强调，要求按照增进共同性的方向夯实我国民族关系发展的精神文化基础。因此，要处理好共同性和差异性的关系，引导各族群众牢固树立休戚与共、荣辱与共、生死与共、命运与共的共同体理念，凸显各民族的共享利益、共生关系、共同历史、共享价值，做到共同性和差异性的辩证统一、民族因素和区域因素的有机结合，强化精神纽带的凝聚作用，增进民族团结的文化认同。

正确把握中华民族共同体意识和各民族意识的关系。各族人民共同缔造统一的多民族国家，是我国的基本国情。中华民族由各民族交融汇聚而成，我国各民族形成了你中有我、我中有你，谁也离不开谁的多元一体格局。中华民族多元一体格局决定了在构筑中华民族共有精神家园的过程中，要正确把握中华民族共同体意识和各民族意识的关系。在实践中，既要突出中华民族这一主体，引导各民族始终把中华民族利益放在首位，本民族意识要服从和服务于中华民族共同体意识，以维护好国家统一和民族团结这一实现各民族具体利益的前提；也要在实现好中华民族共同体整体利益进程中实现好各民族具体利益，共同增强中华民族共同体意识和中华民族共有精神家园的包容性、认同度和凝聚力。

正确把握中华文化和各民族文化的关系。中华民族共有精神家园是中华民族安身立命、精神相依的家园，它为我们提供心灵慰藉、精神归属，体现鲜明的"家园"属性。中华民族共有精神家园之所以能够成为中华民族精神相依、精神归属的聚合处，根本上依托于文化的作用。文化是一个民族的魂魄，文化认同是最深层次的认同，是民族团结的根脉。构筑中华民族共有精神家园，就要不断增强各族群众对中华文化的认同。要正确认识各民族优秀传统文化都是中华文化的组成部分，正确认识中华文化与各民族文化之间"主干"和"枝叶"的关系，不断推动各民族在文化上相互尊重、相互欣赏、相互学习、相互借鉴，促进各民族文化创新交融、交相辉映，增强各族群众的文化认同与文化自信。

正确把握物质和精神的关系。解决好民族问题，物质方面的问题要解决好，精神方面的问题也要解决好。物质和精神不可偏废，只有妥善处理好两者关系，一个民族才能长久屹立于世界民族之林。构筑中华民族共有精神家园，有利于增进全国各族人民对中华民族和中华文化的认同，有利于中华民族凝聚力、向心力的提升，有利于多民族国家的团结统一、和谐稳定，使得各族群众形成共有的、一致的精神归依。在以中国式现代化全面推进强国建设、民族复兴伟业的关键时期，面对前进道路上的各种风险挑战，着力构筑中华民族共有精神家园才能更好凝聚各民族团结奋斗的磅礴伟力。要坚持用习近平新时代中国特色社会主义思想凝心铸魂，用共同理想信念凝聚人心、鼓舞人心，深入培育和践行社会主义核心价值观。大力弘扬以爱国主义为核心的民族精神、以改革创新为核心的时代精神，不断增强各族群众对中华民族的认同感和自豪感。研究和挖掘中华传统文化的优秀基因和时代价值，树立和突出各民族共享的中华文化符号和中华民族形象，构建和运用中华文化特征、中华民族精神、中国国家形象的表达体系，不断夯实铸牢中华民族共同体意识的精神和文化基础。

《人民日报》2024 年 11 月 19 日第 13 版

为铸牢中华民族共同体意识提供更坚实法治保障

强世功

习近平总书记指出:"铸牢中华民族共同体意识是新时代党的民族工作的主线,也是民族地区各项工作的主线。"促进民族团结进步是铸牢中华民族共同体意识的重要任务。党的二十届三中全会《决定》提出:"制定民族团结进步促进法,健全铸牢中华民族共同体意识制度机制,增强中华民族凝聚力。"制定民族团结进步促进法有利于完善中国特色社会主义法律体系,推进民族事务治理体系和治理能力现代化,为铸牢中华民族共同体意识提供更坚实法治保障。

在中华民族形成和发展的历史中把握制定民族团结进步促进法的重要意义。法律是一种规范,也是一种文化,既反映国家意志,也总结历史经验,更展现未来愿景。制定民族团结进步促进法具有重要历史意义和现实意义,不仅要从立法角度来理解,更要在中华民族形成和发展史中来把握。中华民族是有着五千多年文明史的伟大民族,各民族在长期交往交流交融的历史中共同开拓了辽阔疆域，共同缔造了统一的多民族国家，共同书写了辉煌的历史，共同创造了灿烂的文化，共同培育了伟大的民族精神。鸦片战争后，中国人民为争取民族独立和人民解放展开了伟大斗争。在中国共产党的领导下，来自五湖四海的中华儿女紧密团结在党的旗帜下，共御外侮、共赴国难，建立了中华人民共和国，各族人民在历史上第一次真正获得了平等政治权利，共同当家做主人，开辟了发展各民族平等团结互助和谐关系的新纪元。新时代以来，我们党鲜明提出把铸牢中华民族共同体意识作为新时代党的民族工作的主线、作为民族地区各项工作的主线。各民族在中华民族大家庭中和谐共处、手足相亲、守望相助，使休戚与共、荣辱与共、生死与共、命运与共的中华民族共同体更加巩固。只有从中华文明史的纵深视野中，我们才能更加深刻理解把握制定民族团结进步促进法对于全面推进强国建设、民族复兴伟业的重要意义。制定民族团结进步促进法，不仅是对波澜壮阔的中华民族史诗的法律书写，也是对我们党探索、形成、拓展中国特色解决民族问题正确道路的历史经验总结，还为建设认同度更高、凝聚力更强的中华民族共同体，以中华民族大团结促进中国式现代化奠定更坚实法治基础。

必须坚持以习近平总书记关于加强和改进民族工作的重要思想为指导。制定民族团结进步促进法，必须坚持以习近平总书记关于加强和改进民族工作的重要思想为指导。党的十八大以来，习近平总书记高度重视加强和改进民族工作，提出一系列具有理论原创性、政治引领性、实践指导性的新思想新观点新举措新要求。习近平总书记关于加强和改进民族工作的重要思想坚持"两个结合"，是对党百余年来民族工作发展历程特别是新时代民族工作历史性成就和宝贵经验的科学总结，进一步拓展了中国特色解决民族问题的正确道路，开辟了马克思主义民族理论中国化时代化新境界，为推进新时代党的民族工作高质量发展指明了正确方向、提供了根本遵循。习近平总书记关于加强和改进民族工作的重要思想深刻把握民族平等、民族团结等马克思主义民族理论精髓，深刻体现中华文明的突出特性，既有思想理念创新也有工作方法指导，是党的民族工作理论和实践的智慧结晶。制定民族团结进步促进法，要坚持以习近平总书记关于加强和改进民族工作的重要思想为指导，把党把握民族问题、做好民族工作的宝贵经验以法律形式固定下来，推动民族团结进步事业在法治轨道上行稳致远。

完善铸牢中华民族共同体意识的法律体系。民族团结进步促进法是一部为铸牢中华民族共同体意识提供法治保障的法律，既要强调规则操作性，更要凸显方向指引性；既要关注当下实施，更要凸显长远成效；既要考虑具体政策，更要凸显综合效果。中华民族是在漫长历史中形成的民族实体。中华民族共同体意识的巩固不仅要靠政治凝聚力和文化认同力，更要靠现代法治之力。面对党的民族工作的新形势和艰巨任务，迫切需要通过完善铸牢中华民族共同体意识的法律体系来扎实推进民族团结进步事业，推进党的民族工作高质量发展。宪法强调"中华人民共和国是全国各族人民共同缔造的统一的多民族国家"。民族团结进步促进法能够与民族区域自治法相互补充、相互促进，共同夯实铸牢中华民族共同体意识的法律基础。民族团结进步促进法的关键词是"团结"和"进步"。民族团结是各族人民的生命线，没有团结，一切都无从谈起。社会进步是各族人民的共同追求，各族人民都希望顺应时代发展潮流，实现对美好生活的向往。民族团结能促进社会进步，社会进步能凝聚民族团结。民族团结进步促进法的"促进"之义，在于运用法治手段来巩固民族团结，巩固中华民族多元一体格局，促进各民族共同实现社会主义现代化。

《人民日报》2024 年 11 月 28 日第 9 版

中华民族"大一统"理念的历史传承

朱诚如

2022年5月27日，习近平总书记在十九届中央政治局第三十九次集体学习时的重要讲话中强调，要深入研究阐释中华文明起源所昭示的中华民族共同体发展路向和中华民族多元一体演进格局。

中华文明是人类历史上唯一一个绵延五千多年至今未曾中断的文明，这其中"大一统"理念发挥了至关重要的作用。2019年10月31日，在党的十九届四中全会第二次全体会议上，习近平总书记指出，"在几千年的历史演进中，中华民族创造了灿烂的古代文明，形成了关于国家制度和国家治理的丰富思想"，并专门提到了"六合同风、四海一家的大一统传统"。

在中华儿女开发和建设美好家园的长期奋斗中，各民族共同生产生活，抵御外来侵略，反对民族分裂，维护祖国统一，形成了牢不可破、坚不可摧的"大一统"理念。正是在这种理念影响下，中华民族追求疆域领土统一、推崇中央政府权威、注重文化共识凝聚，反对国家四分五裂、地方各自为政、价值观虚无混乱。尽管一些历史时期也曾出现过分裂局面，但统一始终是主流。不论分裂的时间有多长、分裂的局面有多严重，最终都会重新走向统一。历史一再证明，只要中国维持"大一统"的局面，国家就能够强盛、安宁、稳定，人民就会幸福安康。

"大一统"理念贯穿古今

回溯历史，"大一统"理念是贯穿中国历代政治格局和思想文化的主线之一，更是维系中华民族共同体意识的重要纽带。

"大一统"表述，始见于《春秋公羊传》："何言乎王正月？大一统也。"汉儒董仲舒言：《春秋》大一统者，天地之常经，古今之通谊也。"唐人颜师古注："一统者，万物之统皆归于一也。""大一统"理念是先人对国家治理秩序的阐发，早在先秦时期，我国就逐渐形成了以炎黄华夏为凝聚核心、"五方之民"共天下的交融格局。公元前221年，秦始皇建立第一个统一的封建王朝。

及至汉代，在汉高祖及其后汉文帝、汉景帝积累的强大国力基础上，汉武帝极大推动了"大一统"王朝的构建。东汉末年皇权衰落导致三国鼎立，匈奴、鲜卑、羯、氐、羌纷纷内迁，逐鹿中原，中华大地各民族深度交往交流交融。两晋南北朝时期，一些入主中原的边疆民族统治者，主动将自己纳入中华"正统"历史序列。

任何一个号称"正统"的政权，必须完成"正统"所肩负的统一疆域的神圣使命。前秦皇帝氏族人苻坚曾言："今四海事旷，兆庶未宁，黎元应抚，夷狄应和，方将混六合以一家，同有形于赤子。"故此，苻坚在统一中原后南征东晋，以实现"统一天下"之大业。

隋朝结束了"正朔不一将三百年"的分裂局面。唐朝南北一统，东西贯通，创设了800多个羁縻州府经略边疆，"大一统"盛况空前。唐以后，宋与辽夏金等少数民族政权并立。

元朝是北方游牧民族南下实现前所未有"大一统"的王朝，将东北渔猎经济区、北方游牧区、西北和西南的游牧与农耕兼营区、南方及中原农耕区、滨海农耕与渔业区囊括一起，可谓疆域"大一统"开拓者。汉、隋、唐、宋诸朝虽有天下之盛，"然幅员之广，咸不逮元"。"若元"乃"法《春秋》之正始，体大《易》之乾元"，定国号为"元"，"见天下一家之义"。元末农民起义推翻元朝统治，建立以汉人为主的明朝政权。此时的汉人群体，不仅包括东晋以来北方黄河流域南迁的汉人，也包括进入中原的匈奴、鲜卑、羯、氏、羌等，以及被元朝认为是"汉人"的契丹、女真，以及留居中原的蒙古、色目人等，中华大地各民族深度融合，你中有我、我中有你。

清朝是东北地区少数民族满洲建立的,也是"大一统"理念和实践发展的高峰。入关前,满洲人偏居东北一隅之地,皇太极明确提出"满汉之人,均属一体"。入关后,康熙帝强调"无分内外,视同一体",雍正帝云"天下一统,华夷一家",乾隆帝说"夫天下者,天下人之天下也,非南北、中外所得私"。正是在"大一统"理念指引下,清朝完成国家"大一统"。

2019年9月,习近平总书记在全国民族团结进步表彰大会上深刻指出,"秦国'书同文,车同轨,量同衡,行同伦',开启了中国统一的多民族国家发展的历程。此后,无论哪个民族入主中原,都以统一天下为己任,都以中华文化的正统自居。分立如南北朝,都自诩中华正统;对峙如宋辽夏金,都被称为'桃花石';统一如秦汉、隋唐、元明清,更是'六合同风,九州共贯'"。"各民族之所以团结融合,多元之所以聚为一体,源自各民族文化上的兼收并蓄、经济上的相互依存、情感上的相互亲近,源自中华民族追求团结统一的内生动力"。

以"自强不息"的民族品格追求"大一统"

民族品格是一个民族文化传统、价值观念、思想感情、心理特征和思维方式的集中反映。五千多年来,中华民族之所以能够经受住无数难以想象的风险和考验,维系着华夏大地上各个民族的团结统一，屡仆而屡兴、愈挫而愈勇，始终保持旺盛生命力，生生不息，薪火相传，同千百年来锤炼的"自强不息"的民族品格密不可分。

中华民族的先哲很早就提出"天行健，君子以自强不息"的思想，这是中华民族积极进取、刚健有为、勇往直前的内在动力。古代神话中流传的"精卫填海""女娲补天""愚公移山"，孔子倡导的"学道不倦，诲人不厌""发愤忘食，乐以忘忧"，越王勾践的卧薪尝胆，汉使苏武的啮雪吞毡，以及文王拘而演《周易》、屈原逐而赋《离骚》、司马迁忍辱而作《史记》，等等，无不体现出中华民族刚强坚毅、自强不息的民族品格。

中华民族"自强不息"的民族品格具有丰富内涵。其中，包含了反思"时艰"的深沉忧患意识。从《周易》的"作《易》者，其有忧患乎"，屈原的"路漫漫其修远兮，吾将上下而求索"，到维新志士谭嗣同的"四万万人齐下泪，天涯何处是神州"，这种忧患意识寄托着强烈的历史责任感。包含了"匹夫有责"的爱国主义情怀。在中华民族绵延发展的历史长河中，虽然朝代不断更迭，天下分分合合，但最后都归于一统，屹立于世界民族之林，与爱国主义"根"之深、"蒂"之固息息相关。包含了舍生取义的高尚气节。孔子说"志士仁人，无求生以害仁，有杀身以成仁"，孟子讲"生，亦我所欲也，义，亦我所欲也；二者不可得兼，舍生而取义者也"，这种气节鼓舞了一代代中华儿女推动民族奋进、矢志报效祖国。包含了革故鼎新的变革精神。"周虽旧邦，其命维新"，"苟日新，日日新，又日新"，中华文明史就是一部在变革中前进的历史，比如在政治上层建筑上从分封到集权，从三公九卿到三省六部，再到内阁、军机处，不断探寻着更加适合"大一统"国家发展的政治体制。

中国是有着古老文明的泱泱大国，政治、经济、文化在世界文明史上长期处于举足轻重的地位，各民族共同铸就了秦汉雄风、大唐气象、康乾盛世的历史。后来在世界工业革命如火如荼、人类社会发生深刻变革的时期，中国丧失了与世界同进步的历史机遇，落到了被动挨打的境地。1840年鸦片战争以后，西方列强在中华大地上恣意妄为，封建统治者孱弱无能，中国逐步成为半殖民地半封建社会，国家蒙辱、人民蒙难、文明蒙尘，中国人民和中华民族遭受了前所未有的劫难。英雄的中国人民始终没有屈服，在救亡图存的道路上一次次抗争、一次次求索，展现了不畏强暴、自强不息的顽强意志。

在艰苦卓绝的抗日战争中，中国人民以铮铮铁骨战强敌、以血肉之躯筑长城、以前仆后继赴国难，谱写了惊天地、泣鬼神的雄壮史诗，彻底粉碎了日本军国主义殖民奴役中国的图谋，有力捍卫了国家主权和领土完整，彻底洗刷了近代以来抗击外来侵略屡战屡败的民族耻辱！在波澜壮阔的抗美援朝战争中，中国人民志愿军将士高举保卫和平、反抗侵略的正义旗帜，雄赳赳，气昂昂，跨过鸭绿江，以"钢少气多"力克"钢多气少"，用伟大胜利向世界宣告"西方侵略者几百年来只要在东方一个海岸上架起几尊大炮就可霸占一个国家的时代是一去不复返了"！面对外来侵略，中华民族凭着天下兴亡、匹夫有责的爱国情怀，视死如归、宁死不屈的民族气节，不畏强暴、血战到底的英雄气概，有力维护了祖国和民族的尊严。

纵览历史，中华民族"自强不息"的民族品格为维护"大一统"格局提供了强大精神动力和不竭力量源泉。尤其是近代以后，在面对亡国灭种危机的百年抗争中，各族人民血流到了一起、心聚在了一起，中华民族共同体意识空前增强。

以"和衷共济"的行世之道维护"大一统"

"中和"是中国古代思想家和统治者在长期实践中总结出来的规范民族心理结构、思维模式和对理想社会追求的一种民族传统和礼制规范。"中"意为中道、时中，强调处理事情不偏不倚、恰到好处，既不能过，也不能不及；"和"意味着和谐、和合，强调不同对象彼此相应无碍、达到和谐。中华文明注重以"和"文化促进人与人、人与自然，以及不同民族、不同国家之间的交流互鉴；以"中和"的博大包容，融汇天下、聚合四方，巩固中华民族的"大一统"格局。

春秋时期，孔子在前人"中和"观念基础上，述古而开新，明确提出"礼之用，和为贵"。孔子还提出"和而不同"，主张吸纳不同意见，倡导对立双方协调统一，避免极端。简言之，就是求中、求和。推崇"中和"，并以此作为行世之道和道德规范的基本内容，对中华民族"大一统"国家维系内部团结、稳定社会秩序起到了重要作用。

"中和"理念体现在人与自然关系上，强调"天人合一"。在中国古代哲人眼中，人不是大自然的主宰，也不是大自然的奴隶，而是大自然的朋友，因而人要参与大自然化育万物的活动，和宇宙万物处在一种协调、亲密的关系中，力戒逆天违道、为所欲为。庄子说"天地与我并生，而万物与我为一"，认为人可以提升自己的境界以"与天地精神往来"。宋代张载的"民胞物与"之说，明代王阳明的"一体之仁"之说，都集中体现了"天人合一"的宇宙观。在这种理念的深刻影响下，中国人崇尚"不违天时""敬天顺民""关爱百姓"。从先秦开始，中国古代思想家阐述社会和国家的理想形态及其根据，大多着眼于为人之理，成人之道，修齐治平，这为"大一统"国家的社会治理提供了丰富的政治智慧和思想道德资源。

　　中国各民族团结融合，正是"和为贵"理念在民族关系上的生动体现。一部中国史，就是一部各民族交融汇聚成多元一体中华民族的历史，就是各民族共同缔造、发展、巩固统一的伟大祖国的历史。为了增进和巩固汉族与兄弟民族的团结，中国历史上多有汉族与少数民族"和亲"之举，昭君出塞、文成公主进藏就是这样的历史佳话。到了清代，特别是康雍乾时期的几代帝王，接受并吸纳"中和"理念。

　　"协和万邦"的天下观，蕴涵"和气"、氤氲"和风"，是中华文明一贯的处世之道。《尚书·尧典》中讲，"克明俊德，以亲九族；九族既睦，平章百姓；百姓昭明，协和万邦"。这里所说的尧之"德"，是要让家族和睦；家族和睦之后再协调百姓，也就是协调各个家族之间的关系，以实现社会和睦；社会和睦之后再协调各邦国的利益，让各邦国都能够和谐合作。自古以来，中华民族就以"天下大同""协和万邦"的宽广胸怀，自信而又大度地开展同域外民族交往和文化交流，曾经谱写了万里驼铃万里波的浩浩丝路长歌，也曾经创造了万国衣冠会长安的盛唐气象。爱好和平的思想深深嵌入了中华民族的精神世界，今天依然是中国处理国际关系的基本理念。

　　翻开中华民族几千年恢宏历史，"中和""和衷共济""天人合一""协和万邦"等，都是中华民族源远流长、根深蒂固的历史基因。正是这种圆融而不狭隘、通达而不封闭的博大包容，使中华文明得以"天下归心"，并且在交融互鉴、兼收并蓄中不断发展和丰富。

以"天下为公"的价值导向引领"大一统"

在人类社会发展史上，各民族都会形成具有各自特质的基本价值导向。价值导向不同，人们认识世界和改造世界的指向就不同。"重义轻利""天下为公"的价值导向，自古以来就流淌在中华民族血脉之中，对维护"大一统"国家具有强大凝聚力和感召力。

中国古人讲究"公天下之利"，即国家和民族的大利是"利天下"。这是义利观的高度统一，即大义和大利的统一。荀子曰"国者，巨用之则大，小用之则小"，"巨用之者，先义而后利"。中国历史上那些在国家民族危难之际抛头颅、洒热血，"舍生取义"的人，向为后人传颂、缅怀。而那些在国家民族大义面前"见利忘义"的人，永为后人贬斥、唾弃。

儒家倡导"大道之行也，天下为公"。"天下为公"离不开国家完全统一，这是中华民族根本利益所在，也是全体中华儿女的共同愿望和神圣职责。及至近代，民主革命先行者孙中山先生一生坚持以"天下为公"为最高思想境界，面对军阀割据、山河破碎、生灵涂炭，始终坚定维护国家统一和民族团结，旗帜鲜明反对一切分裂国家、分裂民族的言论和行为。孙中山先生说："中国是一个统一的国家，这一点已牢牢地印在我国的历史意识之中，正是这种意识才使我们能作为一个国家而被保存下来。"他强调："'统一'是中国全体国民的希望。能够统一，全国人民便享福；不能统一，便要受害。"

"重义轻利""天下为公"等中华民族的基本价值导向随着时代发展而发展，但是把"天下为公"从理念变成实践，将"全心全意为人民服务""以人民为中心""人民至上"作为初心恒心的行动，只有伟大的中国共产党做到了。

历史充分证明，中华优秀传统文化中"自强不息""和衷共济""天下为公"等理念，是中国人对统一多民族国家产生认同的重要思想文化基础，在漫长历史进程中促进了国家统一和稳定，具有永恒魅力和时代价值，需要不断推动其创造性转化和创新性发展。

《求是》2022 年第 14 期

促进各民族像石榴籽一样
紧紧抱在一起

《求是》杂志编辑部

"把铸牢中华民族共同体意识作为新时代党的民族工作和民族地区各项工作的主线，是我们党坚持'两个结合'、着眼'两个大局'，深刻总结国内外民族工作经验教训，深刻洞察中华民族共同体发展趋势，取得的重大理论和实践成果。"

我国是统一的多民族国家，民族团结是我国各族人民的生命线，中华民族共同体意识是民族团结之本。做好民族工作，事关祖国统一和边疆巩固，事关民族团结和社会稳定，事关国家长治久安和中华民族伟大复兴。党的十八大以来，以习近平同志为核心的党中央站在坚持和发展中国特色社会主义、实现中华民族伟大复兴的战略高度，紧紧围绕铸牢中华民族共同体意识这条主线，谋划部署新时代党的民族工作，推动我国民族团结进步事业取得新的历史性成就。

党的二十大强调，以铸牢中华民族共同体意识为主线，全面推进民族团结进步事业。2023 年 10 月 27 日，二十届中央政治局就"铸牢中华民族共同体意识"进行第九次集体学习，习近平总书记主持学习并发表重要讲话。《铸牢中华民族共同体意识 推进新时代党的民族工作高质量发展》一文，是习近平总书记重要讲话的主要部分。在这篇重要文章中，习近平总书记深入总结新中国成立以后特别是新时代以来民族工作的重大成就，科学分析当前民族工作面临的新形势新挑战，就进一步铸牢中华民族共同体意识、推进新时代党的民族工作高质量发展作出深刻论述、提出明确要求，为做好新时代党的民族工作和民族地区各项工作提供了根本遵循。要深入学习领会习近平总书记重要文章精神，全面贯彻落实习近平总书记关于加强和改进民族工作的重要思想，扎实推进新时代新征程党的民族工作高质量发展，让各民族共享强国建设、民族复兴的伟大荣光。

开辟了马克思主义民族理论中国化时代化新境界

"各族群众唱歌跳舞在一起，生活居住在一起，工作奋斗在一起，中华民族像石榴籽一样紧紧抱在一起。"

2023 年 12 月 14 日上午，习近平总书记来到广西南宁市良庆区的蟠龙社区。这里常住人口约 2.7 万人，共有 10 多个民族的兄弟姐妹在此安居乐业，少数民族人口约占三成。在社区党群服务中心，习近平总书记详细了解社区如何围绕共居共学、共建共享、共事共乐"六共"目标，做好民族团结进步工作。

民族团结之花处处绽放的八桂大地，是新时代民族工作取得历史性成就的一个生动写照。自古以来，我国各族人民共同创造了璀璨夺目的中华文明，铸就了伟大的中华民族。我们党历来高度重视民族问题、民族工作，正确处理民族关系。党的十八大以来，以习近平同志为核心的党中央先后召开两次中央民族工作会议、第二次和第三次中央新疆工作座谈会、中央第六次和第七次西藏工作座谈会等重要会议，对民族工作作出全面部署，力度之大、频次之高、涉面之广、阐述之深，前所未有。

习近平总书记对民族工作始终牵挂在心，倾注大量心血。在曾经"苦瘠甲于天下"的甘肃定西，习近平总书记专程到渭源县引洮供水工程工地实地考察，叮嘱让老百姓早日喝上干净甘甜的洮河水；在湖南湘西土家族苗族自治州十八洞村，首次提出"精准扶贫"的理念；在云南洱海边，称赞白族传统民居"环境整洁，又保持着古朴形态，这样的庭院比西式洋房好，记得住乡愁"；在四川大凉山腹地，走进彝族贫困户家里，和村民代表、驻村扶贫工作队员围坐在火塘边，谋划精准脱贫之策；在内蒙古赤峰市河南街道马鞍山村，走进四世同堂的"多民族之家"，指出要促进各民族像石榴籽一样紧紧抱在一起；在宁夏，叮嘱全面建成小康社会，一个民族也不能少；在贵州，强调"中华民族是个大家庭，五十六个民族五十六朵花"；在青海，要求"全面贯彻党的民族政策，铸牢中华民族共同体意识"；在西藏，指出"我们是一个中华民族共同体，要同舟共济迈向第二个百年奋斗目标"；在新疆，强调"我国是统一的多民族国家，中华民族多元一体是我国的一个显著特征。所以我特别用了'石榴籽'来形容"……从世界屋脊到黄土高原，从西南山寨到天山南北，从北国边疆到南海椰林，习近平总书记多次深入民族地区调研，体察群众冷暖，推动中华民族共同体意识不断增强。

一次次重要会议、一次次深入调研，一封封深情鼓劲的回信、一回回如沐春风的对话，一个个科学论断、一项项重大部署……在引领新时代党的民族工作取得历史性成就的伟大实践中，习近平总书记把马克思主义民族理论同中国具体实际相结合、同中华优秀传统文化相结合，就民族工作提出一系列新理念新思想新战略，形成了关于加强和改进民族工作的重要思想。2021年召开的中央民族工作会议，对这一重要思想作出了系统阐释：一是必须从中华民族伟大复兴战略高度把握新时代党的民族工作的历史方位；二是必须把推动各民族为全面建设社会主义现代化国家共同奋斗作为新时代党的民族工作的重要任务；三是必须以铸牢中华民族共同体意识为新时代党的民族工作的主线；四是必须坚持正确的中华民族历史观；五是必须坚持各民族一律平等；六是必须高举中华民族大团结旗帜；七是必须坚持和完善民族区域自治制度；八是必须构筑中华民族共有精神家园；九是必须促进各民族广泛交往交流交融；十是必须坚持依法治理民族事务；十一是必须坚决维护国家主权、安全、发展利益；十二是必须坚持党对民族工作的领导。

习近平总书记关于加强和改进民族工作的重要思想，是对党百年来民族工作发展历程特别是新时代民族工作历史性成就和宝贵经验的科学总结，是坚持"两个结合"实现马克思主义民族理论中国化时代化的最新成果，是习近平新时代中国特色社会主义思想的重要组成部分，为做好新时代党的民族工作指明了前进方向、提供了根本遵循。

在这篇重要文章中，习近平总书记科学总结新时代党的民族工作历史性成就，深刻阐明铸牢中华民族共同体意识的丰富内涵和重大意义，对做好新征程民族工作提出新要求。

——关于历史性成就。党的十八大以来，以习近平同志为核心的党中央强调中华民族大家庭、中华民族共同体、铸牢中华民族共同体意识、推进中华民族共同体建设等理念，鲜明提出把铸牢中华民族共同体意识作为新时代党的民族工作的主线、作为民族地区各项工作的主线，进一步拓展中国特色解决民族问题的正确道路，形成了习近平总书记关于加强和改进民族工作的重要思想，开辟了马克思主义民族理论中国化时代化新境界，党的民族工作取得新的历史性成就。

——关于铸牢中华民族共同体意识。习近平总书记深刻指出："铸牢中华民族共同体意识，就是要引导各族人民牢固树立休戚与共、荣辱与共、生死与共、命运与共的共同体理念。"铸牢中华民族共同体意识是维护各民族根本利益的必然要求，是实现中华民族伟大复兴的必然要求，是巩固和发展平等团结互助和谐社会主义民族关系的必然要求，是党的民族工作开创新局面的必然要求。要以铸牢中华民族共同体意识为新时代党的民族工作的"纲"，所有工作向此聚焦。

——关于新要求。强国建设、民族复兴伟业新征程上，党的民族工作面临新的形势和任务。习近平总书记明确要求，"要大力促进各民族共同团结奋斗，为强国建设、民族复兴凝聚磅礴力量；要全面实现各民族共同繁荣发展，让各族人民共享强国建设、民族复兴的伟大荣光"，"要全面贯彻党的二十大部署，准确把握党的民族工作新的阶段性特征，巩固良好局面，解决实际工作中存在的矛盾和问题，不断加强和改进党的民族工作，扎实推进民族团结进步事业"。

加强中华民族共同体理论体系建设

"铸牢中华民族共同体意识，需要构建科学完备的中华民族共同体理论体系。"

理论是意识形态的基石。习近平总书记深刻指出："中华民族有自身独特的历史，解析中华民族的历史，就不能套用西方那一套民族理论。"中华民族共同体的形成是中华民族历史发展的必然结果。几千年来中华民族始终把大一统看作是"天地之常经，古今之通义"，历史上各民族交往交流交融从未间断。事实充分证明，对中华民族形成起决定作用的是对中华民族共同体的认同，而不是种族、血缘、地域、宗教等因素。中华民族多元一体是先人们留给我们的丰厚遗产，也是我国发展的巨大优势。铸牢中华民族共同体意识，是习近平总书记提出的重大原创性论断，是"两个结合"特别是"第二个结合"的具体体现，丰富和发展了马克思主义民族理论，巩固和拓展了中国特色解决民族问题的正确道路，指明了党的民族工作的前进方向。

理论研究越深入，对意识形态的支撑就越坚强有力。铸牢中华民族共同体意识，必须立足中华民族悠久历史，加强中华民族共同体理论体系建设。在这篇重要文章中，习近平总书记对"加强中华民族共同体理论体系建设"提出明确要求。

从总体要求看，习近平总书记指出："构建中华民族共同体理论体系，必须立足中华民族悠久历史，把马克思主义民族理论同中国具体实际相结合、同中华优秀传统文化相结合，遵循中华民族发展的历史逻辑、理论逻辑，科学揭示中华民族形成和发展的道理、学理、哲理。"

从理论指导看，习近平总书记强调："要始终坚持中国特色解决民族问题的正确道路，用党关于加强和改进民族工作的重要思想统领和指导中华民族共同体理论体系建设。"

从具体要求看，习近平总书记提出 3 点要求。一是优化学科设置，加强学科建设，把准研究方向，深化中华民族共同体重大基础性问题研究，着力解决我国民族学研究中存在的被西方民族理论思想和话语体系所左右的问题，加快形成中国自主的中华民族共同体史料体系、话语体系、理论体系。二是继续推进中华民族通史、中华民族交往交流交融史编纂工作，编好用好《中华民族共同体概论》等教材，做好文物古籍发掘、整理、利用工作。三是注重激发广大专家学者的积极性主动性创造性，加强青年专家学者的培养，为他们把好方向、搭建平台、创造机会，鼓励他们潜心钻研、厚积薄发，推出立足中国历史、解读中国实践、回答中国问题的原创性理论成果。

构筑中华民族共有精神家园

"对历史最好的继承就是创造新的历史，对人类文明最大的礼敬就是创造人类文明新形态。"

在这篇重要文章中，习近平总书记深刻指出："必须顺应中华民族从历史走向未来、从传统走向现代、从多元凝聚为一体的发展大趋势，深刻理解把握中华文明的突出特性，在新的历史起点上不断构筑中华民族共有精神家园，为铸牢中华民族共同体意识奠定坚实的精神和文化基础。"

构筑中华民族共有精神家园关键是要增进文化认同。文化是一个民族的魂魄，文化认同是最深层次的认同，是民族团结之根、民族和睦之魂。加强中华民族大团结，长远和根本的是增强文化认同，建设各民族共有精神家园。党的十八大以来，习近平总书记高度重视建设各民族共有精神家园，培养中华民族共同体意识。2014年9月28日，在中央民族工作会议上强调"要把建设各民族共有精神家园作为战略任务来抓"；2019年9月27日，在全国民族团结进步表彰大会上强调"以社会主义核心价值观为引领，构建各民族共有精神家园"；2021年8月27日，在中央民族工作会议上把"必须构筑中华民族共有精神家园"作为关于加强和改进民族工作的重要思想的重要内容；2022年7月29日，在中央统战工作会议上强调要"推动各民族坚定对伟大祖国、中华民族、中华文化、中国共产党、中国特色社会主义的高度认同"；等等。这些重要论述，深刻阐明了建设中华民族共有精神家园的重要意义、地位、要求等理论和实践问题，具有深远的理论意义和现实针对性。

在这篇重要文章中，习近平总书记进一步对"构筑中华民族共有精神家园"提出4点要求。一是要面向各族群众加强党的理论和路线方针政策教育，加强党史、新中国史、改革开放史、社会主义发展史、中华民族发展史宣传教育，用共同理想信念凝心铸魂，深入培育和践行社会主义核心价值观。二是深入实施红色基因传承工程，大力弘扬以爱国主义为核心的民族精神、以改革创新为核心的时代精神，不断增强对中华民族的认同感和自豪感，振奋各族人民奋进新征程、建功新时代的精气神。三是实施中华优秀传统文化传承发展工程，研究和挖掘中华传统文化的优秀基因和时代价值，推动中华优秀传统文化创造性转化、创新性发展，繁荣发展社会主义先进文化，构建和运用中华文化特征、中华民族精神、中国国家形象的表达体系，不断增强各族群众的中华文化认同。四是全面推广普及国家通用语言文字，全面推行使用国家统编教材，以语言相通促进心灵相通、命运相通。

促进各民族广泛交往交流交融

"展开历史长卷，从赵武灵王胡服骑射，到北魏孝文帝汉化改革；从'洛阳家家学胡乐'到'万里羌人尽汉歌'；从边疆民族习用'上衣下裳''雅歌儒服'，到中原盛行'上衣下裤'、胡衣胡帽，以及今天随处可见的舞狮、胡琴、旗袍等，展现了各民族文化的互鉴融通。"

2019 年 9 月 27 日，习近平总书记出席全国民族团结进步表彰大会并发表重要讲话，如数家珍般娓娓道来中华民族交往交流交融的生动事例，深刻阐明："一部中国史，就是一部各民族交融汇聚成多元一体中华民族的历史，就是各民族共同缔造、发展、巩固统一的伟大祖国的历史。"

交往交流交融，是增进民族团结、铸牢中华民族共同体意识、推进中华民族共同体建设的必由之路。在中华民族生息繁衍的历史长河里，神州大地上的各民族交往交流交融，始终是休戚与共的命运共同体。在有着 1300 多年历史的西藏拉萨八廓街周边，多民族群众共同居住的民族团结大院有 100 多个，居民们常把"各族人民相亲相爱，茶和盐巴永不分离"这句话挂在嘴上；在新疆乌鲁木齐天山区固原巷社区，汉族、维吾尔族、哈萨克族、回族、塔塔尔族等不同民族的居民其乐融融，大家在一起唠唠嗑、走走路、唱唱歌、跳跳广场舞，日子"好得很"……

中华民族在各民族交往交流交融中铸就，中华民族伟大复兴也必将在各民族交往交流交融中实现。在这篇重要文章中，习近平总书记深刻指出："中华民族大团结是以中国式现代化全面推进中华民族伟大复兴的前提和基础，强国建设、民族复兴的进程，必然是各民族广泛交往交流交融的过程，必然是各民族共同团结奋斗、共同繁荣发展的过程。"这一重要论断，从对历史规律和宏伟目标的深刻把握中，科学阐明了民族复兴必将在各民族广泛交往交流交融中实现的光明前景。

以中国式现代化全面推进强国建设、民族复兴伟业，是新时代新征程党和国家的中心任务，是新时代最大的政治。在这篇重要文章中，习近平总书记强调，"必须高举中华民族大团结旗帜，把推动各民族为全面建设社会主义现代化国家共同奋斗，作为新征程党的民族工作的重要任务"，并作出重要部署。一是推进各民族人口流动融居，构建互嵌式社会结构和社区环境，创造各族群众共居共学、共建共享、共事共乐的社会条件，持续深化民族团结进步创建工作。二是把改善民生、凝聚人心作为民族地区经济社会发展的出发点和落脚点，推动民族地区融入新发展格局、实现高质量发展，不断提高公共服务保障能力和水平，促进发展成果公平惠及各族群众。三是坚持和完善民族区域自治制度，健全民族政策和法律法规体系，推动民族事务治理体系和治理能力现代化。

讲好中华民族故事

2021年3月5日下午，在参加十三届全国人大四次会议内蒙古代表团审议时，习近平总书记提到了"齐心协力建包钢""三千孤儿入内蒙"两个感人故事。两段佳话，一脉情深，生动诠释了中华民族大家庭中各族同胞守望相助、同舟共济的手足情谊。

不止是这两个故事。"驰骋千里卫家国""一半胡风似汉家""锡伯族万里戍边""昭君出塞传佳话""凉州会盟促统一""彝海结盟暖凉山""'半条被子'赢民心""互鉴融通树典范"……党的十八大以来，习近平总书记多次讲述感人至深的民族团结进步故事，生动鲜活地揭示了铸牢中华民族共同体意识的深刻道理。

"民族工作是凝聚人心、汇聚力量的工作，涉民族宣传做得好不好，关系人心向背，关系党和国家形象。"在这篇重要文章中，习近平总书记深刻阐明涉民族宣传工作的极端重要性，对做好这项工作提出明确要求。

——必须坚定"四个自信"，做到"四个大力宣传"，即：大力宣传中华民族的历史，大力宣传中华民族共同体理论，大力宣传新时代党的民族工作取得的历史性成就，大力宣传中华民族同世界各国人民携手构建人类命运共同体的美好愿景。

——创新传播方式，讲好中华民族共同体故事，做到"三个讲清楚"，即：讲清楚中国共产党领导和社会主义制度是我国各民族共同发展进步的可靠保障，讲清楚中华民族是具有强大认同度和凝聚力的命运共同体，讲清楚中国特色解决民族问题的正确道路所具有的明显优越性。

——坚持"请进来""走出去"相结合，积极推动中外学术界、民间团体交流互动。

民族工作涉及方方面面，方方面面都有民族工作。党的十八大以来，以习近平同志为核心的党中央不断加强和完善党对民族工作的全面领导，形成党委统一领导、政府依法管理、统战部门牵头协调、民族工作部门履职尽责、各部门通力合作、全社会共同参与的新时代党的民族工作格局。"铸牢中华民族共同体意识、推进新时代党的民族工作高质量发展，是全党全国各族人民的共同任务。"在这篇重要文章中，习近平总书记进一步提出要求：各级党委和政府"要坚持中国特色解决民族问题的正确道路，认真贯彻落实党的民族工作的各项方针政策，及时研究解决本地区本单位涉及民族工作的重大问题"；各级领导干部"要深入学习贯彻党关于加强和改进民族工作的重要思想，提高做好民族工作的本领，为推进民族团结进步事业作出应有贡献"。

"全面建成社会主义现代化强国，一个民族也不能少。"我国民族团结进步事业之所以取得历史性成就，根本在于有习近平总书记作为党中央的核心、全党的核心掌舵领航，根本在于有习近平新时代中国特色社会主义思想科学指引。新征程上，要深刻领悟"两个确立"的决定性意义，增强"四个意识"、坚定"四个自信"、做到"两个维护"，深入学习贯彻习近平总书记关于加强和改进民族工作的重要思想，以铸牢中华民族共同体意识为主线，推进新时代党的民族工作高质量发展，为强国建设、民族复兴贡献力量。

《求是》2024 年第 3 期

以铸牢中华民族共同体意识为主线
加强和改进党的民族工作

中共国家民族事务委员会党组

2023 年 10 月 27 日，二十届中央政治局就铸牢中华民族共同体意识进行第九次集体学习。习近平总书记在主持学习时的重要讲话立意高远、视野宏阔、思想深邃、内涵丰富，是"两个结合"在民族领域的最新成果，是一篇闪耀着马克思主义真理光辉的重要文献，极大丰富和发展了习近平总书记关于加强和改进民族工作的重要思想，具有很强的政治性、思想性、理论性、指导性，为做好新时代党的民族工作提供了根本遵循。要深入学习习近平总书记重要讲话精神，不折不扣贯彻落实党中央关于民族工作的重大决策部署。

一、深刻认识以习近平同志为核心的党中央作出铸牢中华民族共同体意识这一重大决策部署的战略意义

党的十八大以来，以习近平同志为核心的党中央站在实现中华民族伟大复兴的战略高度，谋划和部署新时代党的民族工作，

提出"铸牢中华民族共同体意识"这一重大决策部署，并将其确立为新时代党的民族工作和民族地区各项工作的主线。这一重大理念，丰富和发展了马克思主义民族理论，巩固和拓展了中国特色解决民族问题的正确道路，指明了党的民族工作的前进方向，对强国建设、民族复兴具有重大意义。

这是党中央着眼"两个大局"对加强和改进党的民族工作提出的明确要求。以习近平同志为核心的党中央高度重视民族工作，习近平总书记多次接见少数民族干部群众代表，多次深入民族地区调研，在两次中央统战工作会议、两次中央民族工作会议、两次中央新疆工作座谈会、两次中央西藏工作座谈会上发表重要讲话，强调中华民族大家庭、中华民族共同体、铸牢中华民族共同体意识、推进中华民族共同体建设等理念，形成了习近平总书记关于加强和改进民族工作的重要思想，推动党的民族工作取得新的历史性成就。党的二十大以后，全国各族人民迈上了以中国式现代化全面推进强国建设、民族复兴伟业的新征程，党的民族工作面临新的形势和任务，呈现新的阶段性特征，铸牢中华民族共同体意识正在从单项突破迈向系统推进。必须将铸牢中华民族共同体意识摆在"五位一体"总体布局和"四个全面"战略布局中统筹谋划，按照增进共同性的方向加强和改进党的民族工作，推进新时代党的民族工作高质量发展。

这是党中央深刻洞察当前民族领域风险挑战作出的动员部署。党的十八大以来，在以习近平同志为核心的党中央坚强领导下，56个民族共同实现脱贫奔小康的千年夙愿，少数民族的面貌、民族地区的面貌、民族关系的面貌、中华民族的面貌都发生了翻天覆地的历史性巨变，各族人民自信心自豪感空前激发，中华民族凝聚力向心力之强前所未有。同时要看到，影响各民族团结的因素仍然存在。比如，民族地区发展虽已迈上新台阶，但发展不平衡不充分问题仍然突出；各民族人口大流动大融居趋势不断增强，但影响交往交流交融的因素仍然存在；还有一些地方国家通用语言文字普及程度较低，对推广国家通用语言文字有误解；等等。必须铸牢中华民族共同体意识，引导各族人民牢固树立休戚与共、荣辱与共、生死与共、命运与共的共同体理念，凝聚起强国建设、民族复兴的磅礴力量。

这是党中央准确把握严峻复杂国际形势作出的战略举措。党的十八大以来，以习近平同志为核心的党中央统筹"两个大局"，在内政外交国防、治党治国治军等各领域作出一系列重大决策部署，推动党和国家事业取得历史性成就、发生历史性变革。中国日益走近世界舞台中央，中华民族伟大复兴进入不可逆转的历史进程。有的国家将我国视为主要竞争对手，大打贸易战、科技战、舆论战等，联合各种反华势力持续在民族、宗教、人权、涉疆涉藏等问题上频频发难，千方百计挑拨离间我民族团结，颠倒是非抹黑我国民族工作。民族分裂主义和宗教极端思想境外有种子、境内有土壤、网上有市场。境内外分裂势力不遗余力推动"民族问题国际化"，影响我国边疆民族地区安全稳定。严峻复杂的国际形势，要求我们必须铸牢中华民族共同体意识，从而有效应对实现中华民族伟大复兴进程中民族领域可能发生的风险挑战。

二、准确把握习近平总书记重要讲话的精神实质和核心要义

习近平总书记在二十届中央政治局第九次集体学习时的重要讲话，将民族工作、中国式现代化等全局工作贯通阐述、一体部署，充分体现了我们党对新时代民族工作历史方位、当代中国民族问题时代特征、中华民族共同体发展规律的系统把握和深刻洞察。要提高政治站位，完整准确全面理解和把握。

深刻理解"把铸牢中华民族共同体意识作为新时代党的民族工作和民族地区各项工作的主线"的重大要求。党的十九大正式提出"铸牢中华民族共同体意识"并写入党章，2019年全国民族团结进步表彰大会、2021年中央民族工作会议和2022年党的二十大强调，以铸牢中华民族共同体意识为新时代党的民族工

作的主线。2023 年，习近平总书记在内蒙古考察和在新疆听取工作汇报时强调"铸牢中华民族共同体意识是新时代党的民族工作的主线，也是民族地区各项工作的主线"。在这次集体学习时，习近平总书记深刻指出，把铸牢中华民族共同体意识作为新时代党的民族工作和民族地区各项工作的主线，是我们党坚持"两个结合"、着眼"两个大局"，深刻总结国内外民族工作经验教训，深刻洞察中华民族共同体发展趋势，取得的重大理论和实践成果。从"党的民族工作的主线"拓展成为"党的民族工作和民族地区各项工作的主线"，是党中央对民族地区工作规律认识的进一步深化，是对新时代党的民族工作主线要求的进一步升华。要将铸牢中华民族共同体意识作为新时代党的民族工作的"纲"，贯穿民族地区经济建设、政治建设、文化建设、社会建设、生态文明建设和党的建设全过程，不断增强中华民族的共同性，切实把党中央决策部署落到实处。

深刻理解"立足中华民族悠久历史，加强中华民族共同体理论体系建设"的重大要求。习近平总书记在这次集体学习时强调，"铸牢中华民族共同体意识，需要构建科学完备的中华民族共同体理论体系"。中华民族共同体理论体系建设，是建构中国自主知识体系的重要内容，是创新中国特色民族理论体系的根本支撑，是摆脱西方民族理论思想和话语体系影响的关键举措。中华民族共同体不是"想象的共同体",而是历史必然和历史事实。从历史角度认识中华民族共同体,是树立正确民族观的基本路径。加强理论体系建设,必须立足中华民族悠久的历史;遵循中华民族发展逻辑,必须重视历史逻辑;形成自主的中华民族共同体理论体系,必须以史料体系为基础。构建中华民族共同体理论体系,必须把马克思主义民族理论同中国具体实际相结合、同中华优秀传统文化相结合。要坚守马克思主义这个魂脉和中华优秀传统文化这个根脉,遵循中华民族发展的历史逻辑、理论逻辑,科学揭示中华民族形成和发展的道理、学理、哲理。

深刻理解"不断构筑中华民族共有精神家园"的重大要求。习近平总书记在这次集体学习时强调,"在新的历史起点上不断构筑中华民族共有精神家园"。文化是一个国家、一个民族的灵魂,文化认同是最深层次的认同。构筑中华民族共有精神家园,是铸牢中华民族共同体意识的关键,是实现各民族人心归聚、精神相依的战略任务。在历史长河中,中华民族创造了悠久的中华文明和灿烂的中华文化,形成了多元一体的中华民族共同体。从党的民族工作来看,必须顺应中华民族从历史走向未来、从传统走向现代、从多元凝聚为一体的发展大趋势。中华文明突出的连续性、创新性、统一性、包容性、和平性,塑造了你中有我、我中有你、血脉相连、不可分割的中华民族共同体。要深刻理解把握中华文明的突出特性，牢固树立中华民族的文化自信和文化认同，为铸牢中华民族共同体意识奠定坚实的精神和文化基础。

深刻理解"促进各民族广泛交往交流交融，以中华民族大团结促进中国式现代化"的重大要求。习近平总书记在这次集体学习时阐释了"各民族广泛交往交流交融"、"中华民族大团结"与"中国式现代化"的内在关联。民族团结是我国各族人民的生命线。各民族交往交流交融顺应社会发展趋势，有利于各民族实现共同富裕、共建共享中国式现代化，推进中华民族共同体建设。习近平总书记深刻指出，"强国建设、民族复兴的进程，必然是各民族广泛交往交流交融的过程，必然是各民族共同团结奋斗、共同繁荣发展的过程"，"必须高举中华民族大团结旗帜，把推动各民族为全面建设社会主义现代化国家共同奋斗，作为新征程党的民族工作的重要任务"。习近平总书记的重要论述，深刻揭示了"团结"与"进步"的关系，明确了民族工作在新征程上的使命和任务，明确了民族工作在党和国家事业全局中的定位，为做好新时代党的民族工作指明了方向。要广泛深入促进各民族交往交流交融，以"各民族交往交流交融"促"团结"，以"团结"促"现代化"，推进实现中华民族伟大复兴。

深刻理解"讲好中华民族故事，大力宣介中华民族共同体意识"的重大要求。习近平总书记在这次集体学习时对讲好中华民族故事提出明确要求。民族工作是凝聚人心、汇聚力量的工作，涉民族宣传做得好不好，关系人心向背，关系党和国家形象。多年来，由于一些国家在国际舆论场的霸权垄断，我国涉民族外宣在国际舆论中仍然存在"有理讲不出、讲了传不开"的现象，主动设置议题和引导舆论存在欠缺，尚未形成以我为主的话语体系和叙事体系。必须坚定"四个自信"，积极主动加强宣传引导，大力宣传中华民族的历史、中华民族共同体理论、新时代党的民族工作取得的历史性成就、中华民族同世界各国人民携手构建人类命运共同体的美好愿景。要创新涉民族宣传的传播方式，丰富传播内容，拓宽传播渠道，讲好中华民族共同体故事，讲清楚中国共产党领导和社会主义制度是我国各民族共同发展进步的可靠保障，讲清楚中华民族是具有强大认同度和凝聚力的命运共同体，讲清楚中国特色解决民族问题的正确道路所具有的明显优越性，巩固"中华民族一家亲、同心共筑中国梦"的局面，营造良好国际舆论环境。

深刻理解"铸牢中华民族共同体意识、推进新时代党的民族工作高质量发展，是全党全国各族人民的共同任务"的重大要求。习近平总书记在这次集体学习时的这一重要论述，体现了新时代党的民族工作格局的内在要求。加强和完善党的全面领导，是做好新时代党的民族工作的根本政治保证。要推进完善党委统一领导、政府依法管理、统战部门牵头协调、民族工作部门履职尽责、各部门通力合作、全社会共同参与的新时代党的民族工作格局，在全社会形成铸牢中华民族共同体意识的良好氛围，凝聚做好新时代党的民族工作的强大合力。

三、紧紧围绕铸牢中华民族共同体意识主线推进新时代党的民族工作高质量发展

习近平总书记在二十届中央政治局第九次集体学习时提出的多项任务，与2021年中央民族工作会议部署的重点任务一脉相承，具有很强的针对性和指导性。全国民委系统将切实履行铸牢中华民族共同体意识、推进中华民族共同体建设的主责主业，切实抓好贯彻落实。

着力构建科学完备的中华民族共同体理论体系。持续深化习近平总书记关于加强和改进民族工作的重要思想的研究阐释，推动党的创新理论走深走实、入脑入心。以"马克思主义理论研究和建设工程"重大项目为牵引，深化民族领域基础理论和重大现实问题研究。加强中华民族历史研究，推进《中华民族交往交流交融史》编纂，引导各族干部群众树立正确的中华民族历史观。加强中华民族共同体学科建设，加快民族类学科调整。推动《中华民族共同体概论》等教材广泛使用。完善铸牢中华民族共

同体意识研究基地管理办法、考核测评指标体系，进一步提高相关智库平台建设和科研项目管理的科学化、规范化水平。

着力构筑中华民族共有精神家园。在各民族群众中深入培育和践行社会主义核心价值观，大力弘扬以爱国主义为核心的民族精神、以改革创新为核心的时代精神，引导各民族始终把中华民族根本利益放在首位，自觉维护祖国统一、民族团结。精心打造一批具有中华文化底蕴、充分汲取各民族文化营养、融合现代文明的书籍、舞台艺术作品、影视作品、美术作品，在增强对中华文化认同的基础上，推动各民族优秀传统文化创造性转化、创新性发展。推动民族地区国家通用语言文字教育教学，全面推行使用国家统编教材。树立和突出各民族共享的中华文化符号和中华民族形象，推出一批体现各民族交往交流交融和中华民族共同性的文艺精品、文创产品、文博展品，有形有感有效做好铸牢中华民族共同体意识工作。

着力促进各民族交往交流交融。推进各民族人口流动融居，构建互嵌式社会结构和社区环境，推动实现各民族在空间、文化、经济、社会、心理等方面的全方位嵌入。以"互嵌"为导向，深入开展民族团结进步示范创建。丰富和拓展"各族青少年交流计划""各族群众互嵌式发展计划""旅游促进各民族交往交流交融计划"平台载体。坚持民族因素和区域因素相结合，突出公平性和精准性，稳慎开展民族政策法规调整完善工作，研究制定实施差别化区域支持政策，不断提升民族事务治理体系和治理能力现代化水平。组织开展好共同现代化试点，助力民族地区把改善民生、凝聚人心作为经济社会发展的出发点和落脚点，加快融入新发展格局、实现高质量发展，打好"赋予所有改革发展以彰显中华民族共同体意识的意义，以维护统一、反对分裂的意义，以改善民生、凝聚人心的意义"的组合拳。加强新时代安边固边兴边工作，让各族人民实实在在感受到共同富裕在行动、在身边。

着力讲好中华民族共同体故事。加强铸牢中华民族共同体意识宣传教育，组建铸牢中华民族共同体意识宣讲团，深入各地开展示范宣讲。推动政策语言、学术语言转化为群众语言、外宣语言，做好中华民族共同体体验馆项目更新轮展，不断优化铸牢中华民族共同体意识文物古籍展展陈，充分展现中华民族共同体形成发展的历史脉络。在国际传媒舞台发声亮剑，把握主动权，构建具有中国特色、符合国际传播特点的民族外宣话语体系。加大"请进来"和"走出去"力度，针对国外专家学者、媒体记者、文化人士开展多形式的交往交流，积极构建上下联动、左右互动、内外发动、整体推动的中华民族文化宣传工作新格局。

着力防范化解民族领域风险隐患。全面落实意识形态工作责任制，坚决防范和抵御"三股势力"的渗透。进一步规范涉民族方面出版物的出版审核。强化民族工作监督指导，及时妥善处理涉民族因素案事件。重点加强对互联网涉民族类话题和舆情的引导，推动互联网成为铸牢中华民族共同体意识的最大增量，坚决守住民族领域不发生区域性系统性风险的底线。

《求是》2024 年第 3 期

铸牢中华民族共同体意识
凝聚中国式现代化强大合力

褚光荣

习近平总书记在学习贯彻党的二十大精神研讨班开班式上强调，"一个国家走向现代化，既要遵循现代化一般规律，更要符合本国实际，具有本国特色。中国式现代化既有各国现代化的共同特征，更有基于自己国情的鲜明特色"。中国式现代化是人口规模巨大的现代化，中国自古以来就是统一的多民族国家，有广大的民族地区和众多的民族，这是中国式现代化必须基于的国情特色。实现中国式现代化，必须全面贯彻落实以人民为中心的发展思想，以铸牢中华民族共同体意识为主线，不断加强和改进党的民族工作，把民族团结进步事业作为基础性事业抓紧抓好，不断为推进中国式现代化汇聚各民族共识，凝聚全民族合力。

一

习近平总书记指出，"党的领导直接关系中国式现代化的根本方向、前途命运、最终成败"。办好中国的事情，关键在党。

中国共产党在历史发展中，赢得了民心，形成了强大的民族凝聚力和向心力，坚持党的全面领导，是全国各族人民的利益所在、幸福所在。我们党团结带领人民，用几十年时间走完西方发达国家几百年走过的工业化历程，创造了经济快速发展和社会长期稳定的奇迹，为中华民族伟大复兴开辟了广阔前景。历史和实践证明，中国共产党始终是中华民族独立和各民族大团结的领导核心，只有中国共产党才能实现中华民族大团结，只有中国特色社会主义才能凝聚各民族、发展各民族、繁荣各民族。因此，只有始终坚持中国共产党的全面领导才能准确把握中国式现代化的正确方向，不断推动民族地区加快现代化建设步伐，团结带领各民族同步实现现代化。要以铸牢中华民族共同体意识为主线，将深刻领悟"两个确立"的决定性意义，增强"四个意识"、坚定"四个自信"、做到"两个维护"贯穿到民族工作的各个领域，融入民族工作的全过程，坚决维护党中央权威和集中统一领导，使党始终成为中华民族最可靠的主心骨，不断增进各族群众"五个认同"，把干部群众的思想和行动统一到党中央决策部署上来，为加快中国式现代化建设步伐凝聚最大合力。

二

习近平总书记强调，要"深化民族团结进步教育，引导各族群众牢固树立休戚与共、荣辱与共、生死与共、命运与共的共同体理念，不断巩固中华民族共同体思想基础"。实现中华民族伟大复兴和推进中国式现代化是凝聚全体中华儿女的坚实基础；铸牢中华民族共同体意识的目的就是凝心聚力实现中华民族伟大复兴，全面建设社会主义现代化国家。只有引领各民族把自己的命运同中华民族的命运紧紧连接在一起，不断铸牢中华民族共同体意识，才能在推动中国式现代化建设征程中同呼吸、共命运、心连心，中华民族才有前途和希望。因此，要从"五个认同"出发，加强爱国主义教育，深化民族团结进步教育，建设中华民族共有精神家园，全面落实国家通用语言文字普及攻坚工程，着力引导各族群众树立正确的国家观、历史观、民族观、文化观、宗教观，不断增进国家意识、公民意识、法治意识，自觉当好中国式现代化的践行者、推动者、引领者、建设者。深入推进青少年"筑基"工程，高举中华民族大团结旗帜，确保社会主义办学方向，聚焦铸牢中华民族共同体意识，着力为党育人、为国育才，办好人民满意的教育，培养德智体美劳全面发展的社会主义建设者与接班人，培养担当民族复兴大任的时代新人，不断提高各族群众科学文化素质，以中国式教育现代化助力中国式现代化。

三

习近平总书记指出，"中国式现代化，深深植根于中华优秀传统文化"。中国式现代化是物质文明和精神文明相协调的现代化。文化是一个国家、一个民族的灵魂，文化兴国运兴，文化强民族强。中华优秀传统文化是中华民族的精神命脉，也是我们在世界文化激荡中站稳脚跟的坚实根基。没有高度的文化自信，没有文化的繁荣兴盛，就没有中华民族伟大复兴。因此，要按照涵养中华民族共同体意识的基本要求，以增强对中华文化的认同为着力点，以社会主义核心价值观为引领，在挖掘、阐发和弘扬中华优秀传统文化的基础上，推动各民族文化传承保护和创新交融，树立和突出各民族共享的中华文化符号和中华民族形象，进一步增强和坚定各族群众对中华文化的认同，构筑好中华民族共有精神家园。同时，要努力用中华民族创造的一切精神财富来以文化人、以文育人，发展面向现代化、面向世界、面向未来的，民族的科学的大众的社会主义文化，激发全民族文化创新创造活力，以丰富多彩的民族文化为媒介，讲好中国故事，不断增强中华文化的吸引力，持续为中国式现代化拓展发展空间。

四

习近平总书记强调，要"促进各民族像石榴籽一样紧紧抱在一起，共同团结奋斗、共同繁荣发展"。中国式现代化是全体人民共同富裕的现代化。党的十八大以来，习近平总书记十分关心民族地区社会主义现代化建设，强调"全面建设社会主义现代化国家，一个民族也不能少"，团结带领各民族同步实现了全面建成小康社会的目标。统一多民族是中国式现代化的财富和优势，同时民族地区的发展也是解决发展不平衡不充分的主战场和硬骨头。推进民族地区现代化，不能仅仅依靠外来资源，必须动员和依靠当地各民族，将各族群众纳入现代化进程。因此，要以各族人民对美好生活的向往为目标，发扬多民族团结互助的优良传统，发挥社会主义制度集中力量办大事的优势，促进各民族紧跟时代步伐，手足情深、守望相助，围绕高质量发展，重点研究制定实施差别化区域支持政策，补齐民族地区基础设施、生产发展、民生保障等方面的短板，引导各族人民在脱贫攻坚和乡村振兴有效衔接等现代化进程中共同攻坚克难，在实现共同富裕、迈向社会主义现代化的征程中同舟共济、携手并进。

五

习近平总书记指出，要"坚定不移走中国特色解决民族问题的正确道路"。在铸牢中华民族共同体意识、建设中华民族共同体的过程中，民族事务现代化将推动中华民族共同体意识走向现代化，同时为中国式现代化提供坚实的治理保障。因此，要以推进民族互嵌为目标，充分考虑不同民族、不同地区的实际，统筹城乡建设布局规划和公共服务资源配置，完善政策举措，以民族间交往交流交融促进共居、共学、共事、共乐，营造有利于中华民族共同体认同持续深化的社会环境，逐步实现各民族在空间、文化、经济、社会、心理等方面的全方位嵌入。不断完善公共服务，切实保障和改善民生，让各族群众真切感受到实惠，共享优质的教育、高水平的医疗卫生服务、舒适的人居环境以及丰富的文化生活，实现稳定的收入和可靠的社会保障，提升群众的获得感、幸福感、安全感。推动民族事务治理法治化、坚持和完善民族区域自治制度、持续推进民族团结进步创建，团结带领各族人民以中国式现代化全面推进中华民族伟大复兴。

《光明日报》2023 年 4 月 6 日第 6 版

不断夯实铸牢
中华民族共同体意识的基础

哈正利

习近平总书记在主持中共中央政治局第九次集体学习时强调，铸牢中华民族共同体意识，就是要引导各族人民牢固树立休戚与共、荣辱与共、生死与共、命运与共的共同体理念。要全面贯彻党的二十大部署，准确把握党的民族工作新的阶段性特征，把铸牢中华民族共同体意识作为党的民族工作和民族地区各项工作的主线，不断加强和改进党的民族工作，扎实推进民族团结进步事业，推进新时代党的民族工作高质量发展。铸牢中华民族共同体意识是一项系统性、基础性工程，需要久久为功，持续发力，不断夯实铸牢中华民族共同体意识的理论基础、社会基础、情感基础、文化基础，加大宣传力度，凝聚同心共筑中华民族伟大复兴中国梦的磅礴伟力。

夯实铸牢中华民族共同体意识的理论基础。理论是行动的先导，没有正确的理论，就没有正确的行动。当前，铸牢中华民族共同体意识亟须构建科学完备的中华民族共同体理论体系，充分阐释中华文明起源与发展的历史过程、重大影响，科学揭示中华民族形成与发展的壮阔历程与经验启示等。必须以习近平总书记关于加强和改进民族工作的重要思想为指导，聚焦中华民族共同体的基本概念体系和理论体系，探索中华民族共同体建设的实践路径；科学应对中华民族伟大复兴过程中面临的现实挑战，助力各民族共同走上中国式现代化的康庄大道。积极发挥科学研究的智力支撑作用，找准研究方向，从哲学、经济学、法学、民族学、政治学、教育学、心理学、历史学等不同学科视角深化中华民族共同体重大基础性问题研究，不断优化学科设置，加快推进中国特色哲学社会科学学科体系、学术体系、话语体系建设。搭建平台，厚积薄发，推出立足中国历史、解读中国实践、回答中国问题的原创性理论成果。立足中华民族悠久历史，把马克思主义民族理论同中国具体实际相结合，科学揭示中华民族发展的历史逻辑、理论逻辑和实践逻辑，把铸牢中华民族共同体意识的重大意义搞清楚，把各民族交往交流交融的历史事实搞清楚，把工作中存在的薄弱环节搞清楚，把加强和改进工作的思路和举措搞清楚，为做好新时代民族工作提供坚实支撑。

夯实铸牢中华民族共同体意识的社会基础。习近平总书记指出："要促进各民族广泛交往交流交融，以中华民族大团结促进中国式现代化。"我们党历来高度重视民族问题、民族工作，注重正确处理民族关系。党的十八大以来，我们党强调中华民族共同体、铸牢中华民族共同体意识、推进中华民族共同体建设等理念，鲜明提出把铸牢中华民族共同体意识作为新时代党的民族工作和民族地区各项工作的主线，开辟了马克思主义民族理论中国化时代化新境界，党的民族工作取得新的历史性成就。当前，全国各族人民迈上了以中国式现代化全面推进强国建设、民族复兴伟业的新征程，党的民族工作面临新的形势和任务。全面建成社会主义现代化强国，一个民族也不能少。推进中国式现代化的过程是各民族共同团结奋斗、共同繁荣发展的过程。各民族在广泛交往、全面交流、深度交融的过程中，更加团结，更加凝聚。要推进人口流动融居，构建互嵌式社会结构和社区环境，创造共居共学、共建共享、共事共乐的社会条件；推动民族地区融入新发展格局、实现高质量发展，不断提高公共服务保障能力和水平，充分发挥改善民生的凝心聚力作用。推动民族事务治理体系和治理能力现代化，坚持和完善民族区域自治制度，健全民族政策和法律法规体系。我们要大力促进各民族共同团结奋斗，为强国建设、民族复兴凝聚磅礴力量，全面实现各民族共同繁荣发展，让各族人民共享强国建设、民族复兴的伟大荣光。

夯实铸牢中华民族共同体意识的情感基础。情感认同是培育中华民族共同体意识的关键纽带。在推进中国式现代化的新征程上，各族人民亲如一家，是实现中华民族伟大复兴的根本保证。中华民族共同体意识是国家统一之基、民族团结之本、精神力量之魂。习近平总书记指出，"要深入践行守望相助理念，深化民族团结进步教育，铸牢中华民族共同体意识，促进各民族像石榴籽一样紧紧抱在一起，共同守卫祖国边疆、共同创造美好生活"。历史经验告诉我们，一部中国史，就是一部各民族交融汇聚成多元一体中华民族的历史，就是各民族共同缔造、发展、巩固统一的伟大祖国的历史。除了文化上的兼收并蓄、经济上的相互依存外，情感上的相互亲近不仅巩固了民族团结，还进一步推动了中华民族成为认同度更高、凝聚力更强的命运共同体。新时代新征程，高质量民族工作的目标就是各族人民团结一致推进中华民族共同体建设，踔厉奋发实现中华民族伟大复兴。铸牢中华民族共同体意识的工作，说到底是做人的工作，是要实现各族人民的大团结。应通过不断增加人民群众的获得感、幸福感和安全感，让各族群众在情理交融中，手足相亲、守望相助，你中有我，我中有你，像石榴籽一样紧紧抱在一起。

夯实铸牢中华民族共同体意识的文化基础。文化认同是最深层次的认同，是民族团结之根、民族和睦之魂。习近平总书记强调："必须顺应中华民族从历史走向未来、从传统走向现代、从多元凝聚为一体的发展大趋势，深刻理解把握中华文明的突出特性，在新的历史起点上不断构筑中华民族共有精神家园，为铸牢中华民族共同体意识奠定坚实的精神和文化基础。"充分发挥党史、新中国史、改革开放史、社会主义发展史、中华民族发展史在塑造共同理想信念和培育社会主义核心价值观上的作用；充分发挥中华优秀传统文化、革命文化、社会主义先进文化对增强中华民族认同感和自豪感的作用；积极担负起新的文化使命，努力构筑中华民族共有精神家园，充分彰显道路自信、理论自信、制度自信、文化自信。构建和运用中华文化特征、中华民族精神、中国国家形象的表达体系，推动中华传统文化优秀基因和时代价值的结合，推动中华优秀传统文化创造性转化、创新性发展，不断增强中华儿女的文化认同与情感联结。

铸牢中华民族共同体意识，还要讲好中华民族故事，大力宣介中华民族共同体意识。习近平总书记强调："要大力宣传中华民族的历史，大力宣传中华民族共同体理论，大力宣传新时代党的民族工作取得的历史性成就，大力宣传中华民族同世界各国人民携手构建人类命运共同体的美好愿景。"为此，要创新涉民族宣传的传播方式，讲好中华民族共同体故事，讲清楚中华民族共同体意识是历史积淀生成的集体意识，讲清楚中国共产党领导和社会主义制度是我国各民族共同发展进步的可靠保障，讲清楚中华民族是具有强大认同度和凝聚力的命运共同体，讲清楚中国特色解决民族问题的正确道路所具有的明显优越性。加强铸牢中华民族共同体意识的话语体系建设，必须坚定拥护"两个确立"、坚决做到"两个维护"，有针对性地将铸牢中华民族共同体意识纳入国民教育、干部教育、党员教育、社会教育之中，引导各族干部群众牢固树立国家意识、公民意识、法治意识等，提高做好民族工作的本领，为推进新时代民族团结进步事业作出应有贡献。

《光明日报》2024年1月9日第6版

为铸牢中华民族共同体意识
夯实法治基础

阿依古丽

2024 年 9 月 27 日，习近平总书记在全国民族团结进步表彰大会上指出："中华民族是有着五千多年文明史的伟大民族。我国各民族共同开拓了祖国的辽阔疆域，共同缔造了统一的多民族国家，共同书写了辉煌的中国历史，共同创造了灿烂的中华文化，共同培育了伟大的民族精神。中华民族共同体的形成和发展是人心所向、大势所趋、历史必然。"

铸牢中华民族共同体意识是新时代党的民族工作的主线，也是民族地区各项工作的主线。2023 年 10 月，习近平总书记在主持中共中央政治局第九次集体学习时强调，"铸牢中华民族共同体意识、推进新时代党的民族工作高质量发展，是全党全国各族人民的共同任务"。夯实法治基础，提升民族事务治理法治化水平，在法治轨道上治理民族事务、保障民族团结，有利于引导各族群众不断增强对伟大祖国、中华民族、中华文化、中国共产党、中国特色社会主义的认同，促进铸牢中华民族共同体意识，为推进中国式现代化凝聚起民族团结的磅礴力量。

围绕铸牢中华民族共同体意识这一主线，健全民族工作法律法规体系

法律是治国之重器，良法是善治之前提。党的十九大把"铸牢中华民族共同体意识"写入党章，成为全党全国各族人民的根本遵循。2018 年，十三届全国人大一次会议通过的《中华人民共和国宪法修正案》增加了"中华民族伟大复兴"的内容，这是"中华民族"一词首次写入国家的根本法。2023 年修改的《中华人民共和国立法法》明确规定，立法应当"铸牢中华民族共同体意识"，为相关立法提供明确的法律依据。

坚持和完善民族区域自治制度，是铸牢中华民族共同体意识的根基，也是铸牢中华民族共同体意识在政治上的具体体现。宪法和民族区域自治法中赋予了各少数民族对本民族内部事务的自治权，充分体现了对少数民族群众的深切制度关怀和充分的法律保障。2023 年 10 月通过的《中华人民共和国爱国主义教育法》把铸牢中华民族共同体意识教育作为爱国主义教育的重要组成部分。这些都为铸牢中华民族共同体意识夯实了法治根基。

党的十八大以来，以习近平同志为核心的党中央站在实现中华民族伟大复兴的战略高度，谋划和部署新时代党的民族工作，坚持中国特色解决民族问题的正确道路，指导推动新时代党的民族工作取得新的历史性成就。然而，当前部分民族工作法律法规体系与铸牢中华民族共同体意识这一要求一定程度上存在不适应、不匹配的情况，这就需要及时调整与新时代民族工作主线不相适应的民族政策。要坚持和完善民族区域自治制度，逐步完善相关法律法规和差别化区域支持政策，总结各地方、各领域在铸牢中华民族共同体意识、促进民族团结进步等方面的成功经验，将之提炼升华为国家法律法规，以加速补齐立法短板。

以法治思维和法治方式解决民族问题、正确处理民族关系，提高民族事务治理能力和水平

"法令行则国治，法令弛则国乱。"法治思维是将法律作为判断是非和处理事务准绳的思维方式。要坚持用法治思维和法治方式解决民族问题、做好民族工作，把法律法规作为评判是非曲直的标准，作为调整社会关系、重塑社会秩序的准绳，依法保障各族群众的合法权益。

要坚持以人为本、立法为民的理念，以习近平法治思想和习近平总书记关于加强和改进民族工作的重要思想为指引，紧紧围绕铸牢中华民族共同体意识主线和战略性任务，坚持从实际出发，依法用好民族自治地方立法权，用法治力量维护各族人民的

合法权益，为促进社会公平正义、建设中华民族共同体提供保障。提升民族事务治理法治化水平，确保各族群众在法律面前人人平等，确保民族事务治理始终在法治轨道上运行，推进民族事务治理体系和治理能力现代化，以法治引领铸牢中华民族共同体意识，维护国家安全、民族团结、社会稳定。

党的二十届三中全会提出，制定民族团结进步促进法，健全铸牢中华民族共同体意识制度机制，增强中华民族凝聚力。目前，一些地方相继制定出台了促进民族团结进步的地方性法规，通过修订相关法规规定，调整相关政策，为中华民族共同体建设赋予了法律强制力，夯实了正确处理民族问题的法治基础。应进一步制定增强文化认同的地方立法，为构筑中华民族共有精神家园、建设中华民族共同体凝聚思想共识。地方立法机关应建立常态化的民族法规评估工作机制，及时清理与上位法相抵触、与同位法不协调、与社会经济发展不相适应的地方性法规。

加强法治宣传教育，推动铸牢中华民族共同体意识

民族工作是凝聚人心、汇聚力量的工作，涉民族宣传做得好不好，关系人心向背、关系党和国家形象。法律具有引导和教育的作用，能够帮助各族群众树立正确的价值观念和行为方式。因此，应进一步加强法治宣传教育，引导各族群众增强国家意

识、公民意识、法治意识，为铸牢中华民族共同体意识打下坚实基础。

加强民族团结进步教育是维护国家统一和民族团结的重要举措。应将党的民族理论政策和相关法律法规纳入干部学习培训必学内容、融入大中小学生必修课程、嵌入群众教育全过程各方面。让广大人民群众深入了解我国的悠久历史和灿烂文化，增进对国家和民族的认同感，引导各族群众树立正确的国家观、历史观、民族观、文化观、宗教观，牢固树立休戚与共、荣辱与共、生死与共、命运与共的共同体理念，促进各民族的交往交流交融，在全社会形成共同维护国家统一和民族团结的良好氛围。坚持以民族地区群众需求为导向，定期开展以中华民族一家亲、维护国家统一等为主题的法治宣传教育，努力提高人民群众尊法、学法、守法、用法的积极性和主动性。加强对领导干部法治思维的培养，有效提升领导干部解决民族问题的能力和水平。深入促进各民族在空间、文化、心理等方面的全方位嵌入，使各族群众在参与和体会法治文化的实践中提升对中华民族共同体的认同感。

《光明日报》2024 年 10 月 8 日第 6 版

在历史长河中认知中华文明
与中华民族共同体

严 庆

中华民族是一个命运共同体。中华民族共同体的形成和发展是人心所向、大势所趋、历史必然。命运，体现着中华民族存续与发展的时空过程；共同体，体现着中华民族大家庭的内在凝聚力。中华民族共同体以中华文明为动力，以各民族血脉相融、信念相同、文化相通、经济相依、情感相亲为根脉和魂脉。

中华民族的团结内聚是历史必然

中华大地上的各类人群浸润不断发展的中华文明，经历长期交往交流交融，在共同缔造统一多民族国家历史进程中形成了具有中华民族共同体认同的人们共同体——中华民族。

中华民族是有着五千多年文明史的伟大民族。"中华大地"是中国各民族祖祖辈辈的故土家园，是中华民族生存与发展的空间与资源、能源补给库，是中华民族认同根脉生长的肌体；"各类人群"是中华大地的主人，也是中华民族的构成主体，经历

153

分合融汇、生生不息，逐步形成血脉相融的大家庭；"中华文明"是各类人群在中华大地上创造、积累、选择的文化结晶，文化滋养文明，文明形塑文化，文化和文明决定其主体走向何方。"长期交往交流交融"是中国各民族团结凝聚成中华民族共同体的根本途径，经济、政治、文化、社会、生态等方面的多样需求凝结成各民族之间共同的、坚韧的利益纽带、情感纽带、精神纽带，虽经历纷争、曲折，但相依共存的主流不变、趋势不改；"共同缔造统一多民族国家历史进程"是各民族与国家相互形塑与选择的历史进程，是创造统一多民族国家的历史进程，是近代以来中华民族自觉、自立、自主、自强取得和捍卫国家主权的历史进程，国家意识和政治认同成为这一进程中最为明确的追求；"具有中华民族共同体认同"是各民族的心之所属、命之所系、运之所寄，是对中华民族共同体的归属与忠诚。

中华民族共同体是在长期的历史进程中形成的，具有特定的内部结构与构成格局，以中华文明为内在规约和持续动力，是人民选择的结果，也是一代代人积极建设的结果。

中华文明是中华民族形成与发展的持续动力

在历史长河中，中华民族创造中华文化，塑造出中华文明的突出特性；中华文明滋养、铸就中华民族。理解中华民族一定要从理解中华文明开始，或者说，中华文明是理解中华民族形成与发展的一把金钥匙。2023年6月2日，习近平总书记在文化传承发展座谈会上明确指出，"中华文明的统一性，从根本上决定了中华民族各民族文化融为一体、即使遭遇重大挫折也牢固凝聚，决定了国土不可分、国家不可乱、民族不可散、文明不可断的共同信念，决定了国家统一永远是中国核心利益的核心，决定了一个坚强统一的国家是各族人民的命运所系"。

为了回答中华文明何时、如何、为何形成等关键问题，在从"十五"时期开始的20多年里，参与中华文明探源工程的研究者们持续开展多学科、多角度、多层次、全方位的研究，对中华大地上的文明演进进程、格局轮廓给出了概括，那就是万年奠基、八千年起源、六千年加速、五千多年进入文明社会、四千三百年中原崛起、四千年王朝建立、三千年王权巩固、两千两百年统一多民族国家形成，自此，中华民族进入大一统国家的文明阶段。将国家的出现纳入文明形成标准是中国对人类文明标准创设的贡献，这一贡献改变了西方学术界将文字、冶金术和城市出现作为进入文明社会的标准的局限性。

探源工程研究团队认为，中华文明的起源和早期发展是一个多元一体的过程。气候、地质、水文等要素影响到人类的早期活动与生产生活。距今5800年前后，黄河、长江中下游以及西辽河等区域出现了文明起源迹象。距今 5300 年以来，中华大地各地区陆续进入了文明阶段，不同区域在其文明起源和早期发展阶段，依托不同的空间环境、生态资源、人文知识等，创造出多样态文化，并在长期交流互动中相互促进、兼收并蓄。距今 3800 年前后，中原地区形成了更为成熟的文明形态，并向四方辐射文化影响力，成为中华文明总进程的核心与引领者。

中华文明在起源与早期发展阶段形成的多元一体格局、兼容革新能力，成为其长期生长的起点，并逐步发展为连续性、创新性、统一性、包容性、和平性的中华文明五大突出特性，呈现出讲仁爱、重民本、守诚信、崇正义、尚和合、求大同的中华文明精神特质。习近平总书记曾深刻指出："为什么中华民族能够在几千年的历史长河中顽强生存和不断发展呢？很重要的一个原因，是我们民族有一脉相承的精神追求、精神特质、精神脉络。"向上向善的精神力量萌发于中华文明，这样的精神力量激励中华民族代代自强不息，世世厚德载物。

中华文明历史长、规模大且未曾中断，辅之以世界上最完整的文字历史记录和经久不断的礼乐教化、道统传承（文化精神），规约、指引着中华民族选择团结凝聚、锐意进取，中华民族又通过不断创造物质财富、推动技术进步、优化制度建设、接续文化发展来推动文明进步，从而实现文明主体与文明进步之间的循环能动、向前发展。

坚持铸牢中华民族共同体意识主线

不同于在西方具有广泛影响的理解现代国家建设的现代化理论和依附理论，理解中华民族的国家建设必须立足于中国历史。习近平总书记强调，"我们伟大的祖国，幅员辽阔，文明悠久。一部中国史，就是一部各民族交融汇聚成多元一体中华民族的历史，就是各民族共同缔造、发展、巩固统一的伟大祖国的历史"。中华民族共同体是中国多民族国家建设的历史经验模式，理解中华民族共同体就要坚持正确的中华民族历史观，即我国各民族共同开拓了祖国的辽阔疆域，共同缔造了统一的多民族国家，共同书写了辉煌的中国历史，共同创造了灿烂的中华文化，共同培育了伟大的民族精神。这样的中华民族历史观告诉我们，中华民族作为一个整体、实体是长期发展的结果，是由诸多共同性所共同决定的客观实在。

疆域是国家的地理基础，也是各民族赖以生存的物理空间和文化空间。关于祖国的历史记忆是不同时代的人们选择社会后续发展方向的重要参考。在长期的历史进程中，各民族共同缔造了统一的多民族国家，拥有了共同的国家认同和深沉的家国情怀。中华民族对世界的看法是由自身文化塑造的，文化是特定群体共同的思想、习俗、传统、规范和社会行为，是一个群体共同的信仰、价值观、态度和行为期望，并代代相传。民族精神则是一个国家和民族的精神支柱和灵魂，也是一个国家和民族的凝聚力、生命力所在。中华民族精神作为维系各族人民共同生活与追求的精神纽带，是推动中华民族走过曲折、不断走向繁荣的精神动力。

正是各民族共同开拓祖国的辽阔疆域、共同缔造统一的多民族国家、共同书写辉煌的中国历史、共同创造灿烂的中华文化、共同培育伟大的民族精神，让各族人民都有一个共同家园、都有一个共同身份、都有一个共同名字、都有一个共同梦想。诸多的"共同"形成了中华民族共同体的纽带和命脉。

中国共产党和中国人民已经找到了中国特色解决民族问题的正确道路，不需要其他任何人对我们指手画脚、充当"教师爷"。近代以来，中华民族在对外独立、对内解放中迎来了马克思主义，中国共产党作为先进的政治力量应时代需求而生并迅速壮大，逐步成为有力组织、动员全域、全社会力量的凝聚核心。人民成为最广泛、最受珍爱的身份认同，萌生出人民当家作主的巨大力量与能量。而中国特色社会主义则进一步从经济、政治、文化、社会、生态等方面增强了各领域的共同性，中华民族共同体的内在有机性以及多维度、多领域的共同性不断增量，中华民族共同体建设不断得以推进。

中华民族是极具自主性的人们共同体，在自身发展的历史进程中不断推动中华文明发展进步，促进中华民族共同体建设，用不断发展着的中华文明规约与引导中华民族共同体发展。在历史长河中认知与把握中华民族、中华文明、统一多民族国家建设进程及其内在关联，才会更好地懂得"我们永远在一起"是历史与人民的选择，也才会进一步激发各民族以中国式现代化全面推进强国建设、民族复兴伟业。

《光明日报》2024 年 10 月 31 日第 6 版

铸牢中华民族共同体意识的根基

吴孝刚

2023 年 10 月 27 日，习近平总书记在中央政治局就铸牢中华民族共同体意识进行集体学习时强调，要准确把握党的民族工作新的阶段性特征，把铸牢中华民族共同体意识作为党的民族工作和民族地区各项工作的主线，不断加强和改进党的民族工作，扎实推进民族团结进步事业，推动新时代党的民族工作高质量发展。铸牢中华民族共同体意识，就是要引导我国各族人民牢固树立休戚与共、荣辱与共、生死与共、命运与共的共同体理念，这就内在要求不断夯实认同根基、社会稳定根基、发展根基和生态文明根基。

筑牢民族地区的认同根基。铸牢中华民族共同体意识，是新时代党的民族工作的主线，也是民族地区各项工作的主线。民族地区无论是出台法律法规还是政策措施，都要把是否有利于强化中华民族的共同性、增强中华民族共同体意识作为首要考虑，不断促进语言相通、生活相融、情感相亲、精神相聚。首先，坚定推行国家通用语言文字教育，提升各级各类学校国家通用语言文字教育教学全覆盖水平，逐步提高群众使用国家通用语言文字的意识和能力。其次，加快建设互嵌式社会结构和社区环境，推动各族群众在空间、文化、经济、社会、心理等方面全方位嵌入。再次，优化完善"中华民族一家亲"团结联谊活动，丰富活动内容，创新载体方式，推动活动走深走实。最后，坚持把中华民族共同体意识教育纳入国民教育、干部教育、青少年教育和社会教育，增进各族干部群众对伟大祖国、中华民族、中华文化、中国共产党、中国特色社会主义的认同。

把筑牢民族地区社会稳定根基摆在首位。没有安全稳定的社会环境，就没有人民的幸福、国家的强盛。因此，民族地区要始终把维护社会稳定摆在首位，加强抓稳定和促发展两方面工作的统筹结合，以稳定确保发展，以发展促进稳定。

国泰民安是中国人民最基本、最普遍的愿望，社会稳定是经济社会发展的前提条件。具体到民族地区来说，需要重点做好"守""打""净"三件大事。"守"指的是牢牢守住意识形态阵地。要积极稳妥处理涉民族因素的意识形态问题，旗帜鲜明反对历史虚无主义、极端民族主义、宗教极端主义、大汉族主义和地方民族主义，持续肃清民族分裂、宗教极端思想流毒。"打"指的是坚决打击各种国内外敌对势力的破坏活动。一方面，要高举法治旗帜，用好法律武器，提升法治化水平，筑牢稳定的法治基础。另一方面，要完善防范化解重大风险隐患机制，把开展反恐反分裂斗争与推动维稳工作法治化常态化结合起来，坚持标本兼治、综合施策，加强源头治理。同时，加强对外宣传和国际反恐合作，把握国际舆论斗争的主动权，为维护祖国统一和民族团结争取有利的国际舆论。"净"指的是净化网络空间。要强化互联网思维，依法加强对网络涉民族宗教因素话题的管理和引导，对有利于铸牢中华民族共同体意识的正能量、好声音要加大宣传，对不利于铸牢中华民族共同体意识的错误言论要及时发现、敢于斗争。

夯实民族地区经济社会高质量发展根基。高质量发展是我国在新的发展条件下为全面建设社会主义现代化国家而做出的必然选择。民族地区是我国经济社会全面高质量发展的重要组成部分，只有推动高质量发展，民族地区才能实现繁荣发展。

民族地区要立足资源禀赋、区位优势和产业基础，培育壮大特色优势产业，积极发展新兴产业，加快构建体现本地区特色和优势的现代化产业体系。一是优先发展农业农村。要推进巩固拓展脱贫攻坚成果同乡村振兴有效衔接，优化乡村产业结构，完善科技创新体制机制，促进农牧业高质高效、乡村宜居宜业、农牧民富裕富足。二是着力发展实体经济。深化工业供给侧结构性改革，推动工业强基增效和转型升级，全面提升新型工业化发展水平。三是大力发展现代服务业。牢牢把握扩大内需战略基点，统筹生产性服务业和生活性服务业发展，努力构建优质高效、布局优化、竞争力强的服务产业新体系。四是加快形成新发展格局。要主动对接国家区域重大战略，深化东西部协作和定点帮扶工作，更好利用国内国际两个市场、两种资源。

筑牢民族地区生态文明根基。民族地区是我国重要自然生态屏障，具有不可估量的生态战略重要性。同时，集资源富集区、水系源头区、生态屏障区、文化特色区、边疆地区等于一身的民族地区，在人与自然和谐共生的现代化建设过程中使命尤为重大。

我国民族地区大多位于中西部的高原、山地、丘陵和边疆，依据国务院公布的《国家25个重点生态功能区名录》，在676个县级行政区中，有280个来自民族地区，占总数的41%，涵盖水源涵养、水土保持、防风固沙和生物多样性维护四种类型。同时，民族地区地大物博、人口稀少，资源富饶、物种丰富，拥有全国47%的森林、75%的草原、66%的水力资源蕴藏量，矿产资源也大多集中在民族地区。此外，还有壮美的高山河流冰川、众多的名胜古迹和瑰丽的民族风情等自然景观和人文资源。为此，民族地区更需要将这些生态资源优势切实转化为绿色发展优势。一方面，坚持山水林田湖草沙系统治理，着力提高生态系统自我修复能力和稳定性，守住自然生态安全边界，促进自然生态系统质量整体改善。同时，持续改善环境质量，深入打好污染防治攻坚战，建立健全环境治理体系，推进精准、科学、依法、系统治污，协同推进减污降碳，不断改善空气、水环境质量，有效管控土壤污染风险。另一方面，加快发展方式绿色转型，坚持生态优先、绿色发展，推进资源总量管理、科学配置、全面节约、循环利用，协同推进经济高质量发展和生态环境高水平保护。

《学习时报》2023 年 11 月 8 日第 7 版

建设铸牢中华民族共同体意识的坚强阵地

查显友

2023 年 10 月 27 日，习近平总书记在中央政治局第九次集体学习时强调，要把铸牢中华民族共同体意识作为党的民族工作和民族地区各项工作的主线，不断加强和改进党的民族工作，扎实推进民族团结进步事业，推进新时代党的民族工作高质量发展。民族高校是党和国家民族团结进步事业在高等教育领域的成功实践，在党和国家民族工作大局中具有特殊地位、担负特殊使命，服务新时代党的民族工作高质量发展是民族高校责无旁贷的职责和使命。民族高校要坚持政治立校首要标准，更加坚定、自觉地把铸牢中华民族共同体意识融入办学治校、人才培养、科学研究、服务社会的全过程各方面，以建设铸牢中华民族共同体意识的坚强阵地为根本，努力发挥自身优势与特色，争做铸牢中华民族共同体意识的模范。

全力服务科学完备的中华民族共同体理论体系构建

习近平总书记指出，铸牢中华民族共同体意识，需要构建科学完备的中华民族共同体理论体系。构建科学完备的中华民族共同体理论体系是铸牢中华民族共同体意识的基础工程，也是一项新的重大命题，破解这个命题必须坚持问题导向，必须加强和优化学科建设，协同多学科力量联合攻关。发挥好自身学科优势与特色，把握好努力方向与重点任务，尽快形成支撑科学完备的中华民族共同体理论体系构建的学科群。以引领中国民族学自主知识体系构建为目标，着力破解民族学在以往发展中出现的"虚化""西化""泛化"等问题，按照马克思主义民族理论与政策、中华民族学、人类学与世界民族等新的学科方向，加快推进学科优化调整，加强专业、课程建设和人才培养模式改革。以在全国率先建成中华民族共同体学为目标，按照国务院学位办备案通过的"中华民族共同体学"二级交叉学科培育建设的要求，统合马克思主义理论、哲学、民族学、历史学、宗教学、政治学、法学、社会学、考古学、经济学、语言学、文学、美术、体育、音乐等学科力量，深入推进中华民族共同体学课程体系、教材体系建设，尽快形成中华民族共同体学的知识体系，把学科建设落到实处。以所有人文社科类学科发展向铸牢中华民族共同体意识主线聚焦为目标，深入推进学科优化、设置与建设，积极组织动员优势学科——民族学，和特色学科——中国少数民族语言文学、中国史、宗教学、社会学、考古学等学科力量，按照习近平总书记提出的"两个结合"，尤其是"第二个结合"的要求，立足中华民族悠久历史，科学全面系统地揭示中华民族形成和发展的道理、学理、哲理，着力构建中华民族共同体理论体系。

完善铸牢中华民族共同体意识人才培养体系

课程体系是铸牢中华民族共同体意识人才培养体系的核心内容。要打造阐释铸牢中华民族共同体意识重大原创性论断、中华文明突出特性、中华民族共同体形成与发展的历史进程及基本规律、中华优秀传统文化创造性转化与创新性发展等重大议题的课程群，深入推进习近平总书记关于加强和改进民族工作的重要思想、习近平文化思想进教材、进课堂、进头脑，持续完善铸牢中华民族共同体意识人才培养体系。用好国家统编教材《中华民族共同体概论》，开设一批线上、线下优质公共课和专业课，加快教育教学案例库、素材库建设，积极推进优质教育教学资源共建共享，切实将教材优势转化为教育教学优势。努力建好"中华民族交往交流交融史"系列课程，积极推动国家"十四五"重大文化工程《中华民族交往交流交融史》编纂研究成果向课程转化，引导学生树立正确的中华民族历史观。围绕增进共同性打造中华民族共同体通识教育系列课程，科学设计课程内容，深入挖掘中华优秀传统文化蕴含的建设性资源，组织校内优秀专家团队和整合全校优质教学资源开发建设"中华民族疆域""中华民族历史""中华优秀传统文化""中华民族精神""源远流长的中华文明"等特色通识课程，推动传统的基础理论类、民族语言类、历史文化类课程进行全要素升级，不断完善铸牢中华民族共同体意识通识教育课程体系。主动服务国家重大战略需求，推广实施"强基计划""拔尖创新人才实验班"等高素质复合型人才培养模式，打造具有本校特色的铸牢中华民族共同体意识高水平专业人才培养体系。大力加强基层教学组织和人才培养模式创新，深入推进民族类学科、专业"混合制""学部制"改革，积极探索与构建有利于各族学生交往交流交融的教学组织、活动载体和生活空间，打造各族学生共学、共居、共乐、共进的成长空间。

全力推进中华民族共同体学术体系、话语体系、史料体系建设

把准研究方向与深化中华民族共同体重大基础性问题研究，对加快形成中华民族共同体学术体系、话语体系、史料体系至关重要。充分发挥在学科专业、人才队伍、平台资源等方面的优势，紧紧围绕促进各民族广泛交往交流交融与以中华民族大团结

促进中国式现代化、讲好中华民族故事与大力宣介中华民族共同体意识等重大基础性问题开展学术研究，持续产出系统性的高质量原创性成果，努力为推进中华民族共同体学术体系、话语体系、史料体系构建作出更大贡献。努力建好建强一批高水平科研平台，为开展有组织的科研，持续产出能为党的民族工作提供决策咨询、智力支持的高质量成果提供坚强保障。充分用好"道中华"平台及资源，持续打造"中国边疆发展论坛""中国新疆的历史与未来"国际论坛等对外学术交流平台，努力向国际社会传播中华民族的历史、中华民族共同体理论、新时代党的民族工作取得的历史性成就、中华民族同世界各国人民携手构建人类命运共同体的美好愿景等，向世界讲好中国、中华民族、中华文明的故事。持续加强铸牢中华民族共同体意识研究人才队伍建设，进一步优化发现人才、培养人才、用好人才的体制机制与政策举措，尤其要加强青年人才队伍建设，为他们潜心钻研、厚积薄发，推出立足中国历史、解读中国实践、回答中国问题的高质量、代表性学术成果提供可靠的组织保障。

完善中华民族共同体意识教育实践体系

载体、阵地建设与创新是确保铸牢中华民族共同体意识有形、有感、有效的重要保证。聚焦立德树人根本任务，切实提升铸牢中华民族共同体意识教育思政课程、课程思政质量，充分发挥思政课主渠道和课程思政协同作用，推进铸牢中华民族共同体意识教育大中小学一体化建设，持续完善和优化"大思政"工作格局。充分发挥社会实践的独特育人作用，持续性、有针对性地面向社会、地方和企业合作共建铸牢中华民族共同体意识教育实践基地，着力打造"大国边疆"育人工程、"千团走千村、万人边疆行"暑期社会实践活动、国家通用语言文字推广普及志愿服务活动等系列实践育人品牌，更好引导广大青年学生在"行走的大思政课"中感悟"四个共同""四个与共"的深厚基础和中国式现代化的伟大实践，切实增强青年学生的"五个认同"和文化自信。充分彰显民族高校的独特红色基因，积极培育打造更多融思想性、实践性于一体的主题校园文化活动，以青年学生喜闻乐见的形式和易于参与的方式，潜移默化地推进铸牢中华民族共同体意识教育入脑入心、见行见效，提升增强铸牢中华民族共同体意识实践教育的吸引力和感染力。把铸牢中华民族共同体意识纳入学生社团管理、校园文化活动管理、师生评价考核等环节，确保铸牢中华民族共同体意识工作可考核、可评价，不断走深、走实。

《学习时报》2024 年 7 月 19 日第 6 版

实践园地

构建中国自主的中华民族共同体史料体系

刘正寅

中华民族共同体是中华大地各民族浸润数千年中华文明、经历长期交往交流交融、在共同缔造统一多民族国家历史进程中形成的。习近平总书记指出："构建中华民族共同体理论体系，必须立足中华民族悠久历史""加快形成中国自主的中华民族共同体史料体系、话语体系、理论体系"。史料体系是历史学的基石，为话语体系、理论体系的构建提供重要支撑。在中华文明绵延发展的历史进程中，产生了大量以不同形式、不同语言文字记录的各种文献，为中华民族共同体历史研究提供了宝贵资料。构建中国自主的中华民族共同体史料体系，有助于深入探究中华民族共同体形成和发展的道理、学理、哲理，揭示中华民族内在凝聚力和发展动力，阐明各民族交往交流交融对中华民族共同体形成、发展与繁荣的促进作用，解决相关领域研究中存在的被西方思想理论和话语体系所左右的问题，从而推出更多立足中国历史、解读中国实践、回答中国问题的原创性成果。

深入挖掘研究汉文史料。习近平总书记指出："中国的汉文字非常了不起，中华民族的形成和发展离不开汉文字的维系。"先秦时期的文献中就出现了有关民族的记述，甲骨文、金文以及先秦诸子著述等包含着丰富的民族史资料。秦汉以来，随着统一多民族国家的建立及其对边疆的开发，有关周边民族的知识日渐丰富。《史记》将中华各民族作为一个整体进行历史书写，开创了为少数民族撰写传记的体例。此后历代相沿，"二十四史"中绝大多数都包含有关于少数民族的传记，多民族历史书写的传统在中国历史著述中得到继承和发展。另有大量有关边疆民族史志的文献，比较集中地保留了古代民族资料。此外，散见于方志、会要、文集、笔记、碑铭、谱牒中的各种民族史志资料也非常丰富。中国历史上，少数民族地区也广泛使用汉文。有些少数民族政权如辽、金、西夏、元、清等创有自己的文字，同时广泛使用汉文进行历史书写；有些边疆少数民族主要使用本民族或其他民族的语言文字进行沟通，同时将汉文作为重要的族际交流工具，在这个过程中也产生了大量的历史资料。总体上看，汉文史料具有连续性、全面性等特点，时间上涵盖中华民族各个历史时期，地域上覆盖包括中原与边疆的广大地区。要加强对这些史料的挖掘整理和分析研究，挖掘各民族交往交流交融的历史事实和中华民族认同。根据中国历史演进的内在线索和自身特点，揭示中华民族发展的整体性与内在联系性，呈现中国各民族共同创造中华文明、共同谱写中国历史的进程，阐明中华民族是一个基于长期交往交流交融而形成的民族共同体，进而揭示出中华民族共同体凝聚发展的内在动力与发展规律。

深入挖掘研究少数民族语言文字史料及域外历史文献。在漫长的历史进程中，生活在中华大地上的各民族共同开拓了辽阔的疆域，共同书写了悠久的历史，共同创造了灿烂的文化，共同培育了伟大的民族精神。构建中华民族共同体史料体系，也要重视对少数民族留下的历史记述的挖掘研究。这些历史资料既包括大量汉文资料，也包括大量少数民族语言文字资料。其中的少数民族语言文字史料，是中华民族共同体史料体系的重要组成部分。形成于边疆地区的少数民族语言文字史料直接反映了边疆民族对中华民族共同体的认同，对深化中华民族共同体历史研究具有十分重要的意义。此外，域外历史文献，如希腊语、拉丁语、波斯语、阿拉伯语等语言文献，也保存有大量与中华民族历史有关的记述，对中华民族共同体历史研究具有一定的参考价值。

树立运用跨学科的视野和方法。中华民族共同体的历史资料形式多样、载体丰富。从形式上看，既包括官方档案文献、经典史著、地方史志，也包括个人笔记、诗文，还包括各种传说、神话故事等。从载体上看，既有文字的，也有各种艺术作品、图像资料等。因此，需要综合运用考古学、民族学、人类学、社会学等相关学科的理论与方法，以科学、准确地整理、研究这些资料。历史文献的形成具有建构性的特点，反映了文献书写者的思想观念、价值取向、认知视角、书写动机以及所处的时空背景、民族关系等。借助民族学、人类学等学科的理论与方法对文献资料进行考察与分析，不仅可以挖掘出历史上各民族交往交流交融的客观事实，还能解读出历史书写行为之间的文化因素及认知差异，揭示中华民族发展的内在动力，以及文献书写中蕴含的中华民族认同，进而探索中华民族共同体形成和发展的动因、趋势等，推动中华民族共同体历史研究走深走实。

《人民日报》2024 年 3 月 25 日第 9 版

各族人民像石榴籽一样紧紧抱在一起

人民日报记者

端午假期，位于北京的民族文化宫游人如织。代表史前文化大交流成果的马家窑陶壶、出土自新疆的铜币、元朝发行的纸币实物中统元宝交钞……一件件文物从历史深处走来，记录着中华民族共同体的形成历史，吸引了不少参观者驻足观赏。

"中华民族大家庭血脉相连、命运与共""像石榴籽一样紧紧抱在一起"……留言簿上，一句句朴实真挚的话语，诉说着对中华民族共同体的深刻认同。

中华民族共同体意识是国家统一之基、民族团结之本、精神力量之魂。党的十八大以来，我们党强调中华民族大家庭、中华民族共同体、铸牢中华民族共同体意识、推进中华民族共同体建设等理念，鲜明提出把铸牢中华民族共同体意识作为新时代党的民族工作和民族地区各项工作的主线，进一步拓展中国特色解决民族问题的正确道路，形成了习近平总书记关于加强和改进民族工作的重要思想，开辟了马克思主义民族理论中国化时代化新境界，党的民族工作取得新的历史性成就。

各族人民牢固树立休戚与共、荣辱与共、生死与共、命运与共的共同体理念，"五个认同"不断增强

走进群山环抱的西藏隆子县玉麦乡，一栋栋漂亮的住宅矗立乡间。

玉麦乡地处喜马拉雅山南麓，自然条件恶劣。30多年前，年轻的卓嘎扛起玉麦乡乡长的担子，从此数十年如一日，以放牧、巡逻的方式守护着数千平方公里的国土。

"家是玉麦，国是中国。"这是卓嘎对祖国最澄澈的爱。如今的玉麦，道路畅通，屋舍俨然，群众生活幸福。"日子好了，更要听党话跟党走，当好神圣国土的守护者。有国才能有家，祖国疆域上的一草一木，我们都要看好守好！"卓嘎说。

习近平总书记强调，铸牢中华民族共同体意识，就是要引导各族人民牢固树立休戚与共、荣辱与共、生死与共、命运与共的共同体理念。党的十八大以来，习近平总书记在多个场合深入阐释铸牢中华民族共同体意识的深刻内涵和重大意义。以此为指引，新时代民族工作向纵深推进。

——将"中华民族"写入宪法，将"铸牢中华民族共同体意识"写入新修订的地方各级人大和政府组织法，推动多个省区市制定民族团结进步条例……铸牢中华民族共同体意识被逐步纳入法治化轨道。

——推动铸牢中华民族共同体意识教育进教材、进课堂、进评价体系，将铸牢中华民族共同体意识教育融入国民教育、干部教育、社会教育之中，树立和突出各民族共享的中华文化符号和中华民族形象、推广普及国家通用语言文字，以文化浸润中华民族共同体意识，各族群众对伟大祖国、中华民族、中华文化、中国共产党、中国特色社会主义的认同不断增强。

"新石器时代，中原地区仰韶文化遗址出土的陶罐，和东北地区红山文化出土的陶罐有什么相同和不同？"西南民族大学的课堂上，中华民族共同体学院教师龚梦川提出的问题引人深思。通过对比不同地区陶罐花纹，学生们直观认识到不同地域文化的交流与融合，进一步理解了中华民族共同体的形成与发展历程。

随着《中华民族共同体概论》教材出版发行，西南民族大学教师创新教学形式，让学生切实感悟中华民族共同体的历史脉络、丰富内涵和实践路径。"我们要切实开展好铸牢中华民族共同体意识教育，有效引导学生将中华民族共同体意识内化于心、外化于行。"龚梦川说。

党的十八大以来，相关部门围绕铸牢中华民族共同体意识，制定政策规划，加强铸牢中华民族共同体意识教育，强化中华民族共同体理论体系建设，各族群众对中华文化更加热爱、更加自豪、更加自信，各族群众"五个认同"不断增强，中华民族共同体意识深入人心。

民族地区经济社会发展取得历史性成就，各民族共同走向社会主义现代化

大米粑粑制作体验、点篝火、打歌……夏日里，云南腾冲市清水镇三家村中寨司莫拉佤族村里游人熙熙攘攘，来自天南海北的游客在这里感受民族风情、体验民俗文化。

"司莫拉"在佤语中意为"幸福的地方"，但这里曾经是"看寨不是寨，茅草垒成堆；夏恐屋漏雨，冬怕寒风吹"。"后来，经过'草改瓦'、危房改造、传统村落保护发展等，我们的佤族群众住上了宽敞又舒适的房子。"清水镇副镇长、三家村党总支书记赵家清见证了司莫拉佤族村的蜕变，"在中央财政少数民族发展资金的支持下，这些年我们还加强了村内道路硬化，建起了大米粑粑加工厂，村民们在家门口吃上了'旅游饭'，村子越来越好"。

司莫拉的巨大变化，是广大民族地区飞速发展的一个生动缩影。

习近平总书记指出："全面建成社会主义现代化强国，一个民族也不能少。"党的十八大以来，党中央把加快少数民族和民族地区发展摆在全国改革发展全局中更加突出的位置，出台的政策措施之密集、扶持的力度之大前所未有。

大凉山间，坚固的钢梯铺就悬崖村的"神奇天路"；彩云之南，民族地区建制村全部通硬化路，具备条件建制村通客车；贺兰山下，百万移民挪出了穷窝、换掉了穷业……党的十八大以来，在党中央亲切关怀下，民族地区着眼民生福祉、致力民生改善，不断加大投资力度、补齐民生短板。中央财政累计安排少数民族发展资金741亿元，重点推进兴边富民行动、民族村寨保护与发展、民族手工业

等特色产业发展等项目……随着一项项扶持政策和资金项目落实落地，民族地区 3121 万贫困人口全部脱贫，420 个位于民族自治地方的贫困县全部脱贫摘帽，发展的内生动力显著增强，各族群众的生产生活条件得到持续改善，迈上了以中国式现代化全面推进强国建设、民族复兴伟业的新征程。

"在内蒙古这片热土上，发生过诸多民族团结的动人佳话：'三千孤儿入内蒙''各族人民建包钢'……"内蒙古兴安盟阿尔山市的氧心森林浴道景区，导游芦旺正带着游客在中华文化育道上行进。

阿尔山地处祖国北疆，林业资源丰富。2012 年"挂锯停斧"后，许多伐木人实现了向"护木人"的转变，越来越多人端上了生态饭碗。在阿尔山，民族团结标识与旅游景区、自然环境融为一体，让游客在沉浸式体验中深深感受到"东西南北相承一脉、中华一家其乐融融"的浓厚氛围。

中华民族一家亲，同心共筑中国梦，这是全体中华儿女的共同心愿，也是全国各族人民的共同目标。进入新时代，民族地区经济实力大幅跃升，人民生活极大改善，民族文化繁荣发展，生态环境根本好转，民族地区经济社会发展取得历史性成就，群众获得感幸福感安全感显著增强，各民族携手并进，共同走向社会主义现代化。

各族群众唱歌跳舞在一起，生活居住在一起，工作奋斗在一起，中华民族像石榴籽一样紧紧抱在一起

球场上角逐激烈、活力四射，观众席上锣鼓喧天、欢呼不断。

这个夏日，在贵州台江县台盘村，第十二届全国少数民族传统体育运动会"同心畅享"系列活动——民族团结"村BA"篮球邀请赛正火热举行。

比赛间隙，民族歌舞、流行歌曲等表演轮番登场，精彩纷呈、引人入胜。各个民族的参赛球员们在球场上一起拼搏、挥洒汗水，来自全国各地的宾客共聚一堂、其乐融融。

一部中华民族史就是一部各民族团结凝聚、共同奋进的历史。党的十八大以来，在党中央的坚强领导下，各地推动建立相互嵌入式的社会结构和社区环境，从居住生活、工作学习、文化娱乐等日常环节入手，为各民族交往交流交融创造了良好条件，各族群众在城乡之间、区域之间有序流动，交往交流交融的深度和广度前所未有。各民族人心归聚、精神相依，形成人心凝聚、团结奋进的强大精神纽带。

"哥哥嫂子最近有什么困难吗？需要什么帮助尽管开口跟我讲。"近日，新疆克孜勒苏柯尔克孜自治州消防救援支队干部陈飞又一次来到了结亲户乃司丁·克里木家中。唠家常、话情谊、谈发展，他们在一起有说不完的话。

在新疆，"民族团结一家亲"和民族团结联谊活动开展得红红火火。2019年，陈飞与乃司丁·克里木结对认亲，在相互关心、往来互助中建立了深厚的感情。"我们都是一家人，要一代代相亲相爱下去。"乃司丁·克里木说。

中华一家，情深意长。各民族和睦相处、共同发展的动人场景，在全国各地处处可见。在四通八达的铁路网络上，几十对公益性慢火车开行，重点面向民族地区、偏远地区，保障了各族群众工作出行、求医问诊、走亲访友等需求；在云南大理洱源县郑家庄，汉、白、彝、藏、纳西、傣、傈僳7个民族170多户人家和谐共居，各族群众手足相亲……2012年以来，全国已累计命名2055个民族团结进步示范区、示范单位，民族团结进步已经拓展到企业、乡村、机关、社区、学校等。

文化是一个国家、一个民族的灵魂，文化认同是最深层次的认同。"中华民族共有精神家园建设主题文化活动"深入开展，通过人民群众喜闻乐见、通俗易懂的形式推动各民族文化更加创新交融；全国各族少年儿童在"六一"之际参加"石榴籽祖国行"主题队日、"向国旗敬礼"等系列活动；全国少数民族传统体育运动会搭建起各民族展示风貌、交流互鉴、情感交融的舞台……近年来，随着各民族交往交流交融的持续深入，中华民族共同体意识越铸越牢。各族群众唱歌跳舞在一起，生活居住在一起，工作奋斗在一起，中华民族像石榴籽一样紧紧抱在一起。

中华民族在各民族交往交流交融中铸就，中华民族伟大复兴也必将在各民族交往交流交融中实现。新征程上，在以习近平同志为核心的党中央坚强领导下，全国各族人民同心同德、凝心聚力，不断铸牢中华民族共同体意识，正向着以中国式现代化全面推进强国建设、民族复兴伟业的宏伟目标奋勇前进！

《人民日报》2024年6月19日第2版

五十六个民族凝聚在一起就是
中华民族共同体

人民日报记者

火车在宏阔的黄土高原上疾驰。它穿过山峁，同江河擦肩，驶过沉淀了厚重历史与璀璨文明的黄土地。

在延安出席中央军委政治工作会议之后，习近平总书记马不停蹄来到青海、宁夏。这次来西北，一条"铸牢中华民族共同体意识"的主线，贯穿始终。

"邦畿千里，维民所止。"辽阔的疆域是各民族共同开拓的。此刻，正是在共同开拓、耕耘、奋斗的土地上，去思考民族关系、民族工作，去探寻中华民族追求团结统一、矢志伟大复兴的内生动力。

调研时间的选择也颇具深意。

2024 年是新中国成立 75 周年。75 年来，我国民族团结进步事业接续发展。56 个民族如何在多元中铸就一体、在一体中百花齐放？调研，给出了答案。

7月，进一步全面深化改革大幕将启。如何为推进中国式现代化进一步凝聚民族团结进步的力量？调研，给出了指引。

青海和宁夏同属西部。2024 年 4 月，新时代推动西部大开发座谈会召开。在中国式现代化建设中奋力谱写西部大开发新篇章，调研进一步指明了方向。

学校、古刹、社区，察情、问计、明理，习近平总书记感慨："五十六个民族，无论是这个民族还是那个民族，我们都是同一个大家庭，中华民族大家庭。要把中华民族共同体建设好。团结在一起，像石榴籽一样紧紧抱在一起。"

协作："坚持全国一盘棋"

6 月 18 日，到西宁第一站，总书记就来到果洛西宁民族中学。

果洛，地处青海东南部，海拔高、气候恶劣、环境艰苦。上海投资，为果洛在西宁援建了一所寄宿制中学。

从 1996 年东西部扶贫协作拉开帷幕，到新时代升级为东西部协作；从给钱给物，到多层次、多形式、全方位的协作格局，资金流、资源流、技术流、人才流向西部奔涌。就拿青海来说，党中央部署北京等 6 省市、清华大学等 23 所高校对口援青，其中教育援青实现了各学段、各地区、人才资金项目全覆盖。

习近平总书记是亲历者、推动者。5 月 30 日，总书记还给四川省南充市之江小学学生写了回信，那正是他在浙江工作时关心推动的对口帮扶学校。

果洛西宁民族中学的校长常途来自上海。食堂、宿舍、教室，学生构成、课程设置、体育锻炼，他将这里的情况详细介绍给总书记。

一进食堂，饭菜飘香。习近平总书记走到菜谱前，细看菜价。

"荤菜不超过 6 块钱，素菜 3 块钱以内。保证 10 块钱就能吃好，每个月还有生活补助。"

听了介绍，总书记叮嘱道："孩子们正是长身体的时候。一定要注意饮食卫生。首先是原料采购，一定要是合格的、没有问题、安全的。然后储藏的过程、制作的过程都要注意卫生。在这个基础上饭菜可口，让孩子们吃得营养健康。"

宿舍窗明几净，房间里还有洗手间。隔壁盥洗室内，洗衣机、吹风机也一应俱全。总书记关切地问："冬天都有热水吗？"

"全天候供应热水，保证孩子们的洗漱。"

教学楼内书声琅琅。走廊上挂着书法作品，笔墨或遒劲或娟秀，有的略显稚嫩。总书记放慢了脚步端详。

高一（1）班的孩子正上思政课，主题是"新时代、新家乡"。小德川流，大德敦化。国家观、民族观，要从第一颗扣子扣起。

"我的家乡在果洛州班玛县。"起身说话的女孩名叫尼东拉毛。她举起一幅画作，云端下如诗如画，"以前去放牧的时候要紧跟在牛群后面，牛丢了要满山去找。从骑马放牧，到后来骑摩托车放牧，再到现在有的人家用上了无人机放牧，我的家乡更现代化了"。

"家里这些电器都有吧？"习近平总书记指着画作问。"有！洗衣机、电视机，样样齐全。"

"家里有多少头牦牛？""五六十头。在牧区人家里算是个中等规模。"

"你们会骑马吗？"听了这么一问，同学们都笑着回答："会！"

总书记亲切地说："从牧区来到这里，生活习惯会有一些改变，但你们的人生会有更多的机会。"

高个头的男孩杨顶站起身来："习爷爷好，我的家乡是果洛州久治县。以前因为交通运输条件差、冷藏技术差，牛羊肉不容易保存。现在，日子大变样……"

广袤中国的沧桑巨变，发生在每一个山脚、每一条河流、每一户人家。

把目光望向历史，能更深切感受到新中国成立以来天翻地覆的改变。"思政课讲近代史吗？"总书记询问。

师生们争相回答："讲过！鸦片战争、辛亥革命、南湖红船……"

习近平总书记额首赞许："要把铸牢中华民族共同体意识作为学校思政课的一个重点，讲好中国共产党和中国特色社会主义的故事，讲好新时代以中国式现代化全面推进强国建设、民族复兴伟业的故事，讲好中华民族共同体和民族团结进步的故事，把中华民族共同体意识从小就植入孩子们的心灵。"

离开教室时，总书记注意到坐在第一排的"小眼镜"。

"眼镜有多少度？"

"一个350度，一个300度。"

"你们班戴眼镜的多了一点。孩子们要注意保护好眼睛，加强体育锻炼。"

广场上，人山人海。师生们簇拥着总书记，如高原正午的阳光般热情。

"坚持全国一盘棋，相互帮助，特别是沿海地区要帮助西部地区，发达地区要帮助欠发达地区，都要找准角色。这其中，很重要的一个就是教育对口帮扶，要把孩子们培养好，这有深远的意义。"

此情此景，有的孩子听着就落下泪来。总书记亲切地望着师生们："要珍惜这样的好条件。要立志成为中国特色社会主义事业的接班人和建设者，努力为自己赢得人生出彩的机会。"

19 日下午抵达宁夏。当天，习近平总书记就关切询问了闽宁镇的近况。

在福建工作期间，习近平同志牵头负责闽宁协作对口帮扶。从"干沙滩"到"金沙滩"，从"移民吊庄"建闽宁村到发展振兴成为闽宁镇，20 多年过去了，总书记一直挂念着那里的乡亲们。

"真正触动我对扶贫下那么大的决心，除了自己的经历，就是看了西海固。"

"听说现在建设得很好，也有了特色产业。过去这么艰苦的一个地方，变成了出葡萄美酒的地方，令人感慨和欣慰啊！"

古刹："弘扬爱国爱教优良传统"

青海，联藏络疆，邻甘通川。自古便是多元文化交融、民族沟通交流的要道。

西宁，地处壮美的达坂山和拉脊山之间。聆听过唐蕃古道上的驼铃声，见证过历史风云的宏觉寺，就坐落在古城西宁的城中区。

寺前院落，宏觉寺民主管理委员会主任噶尔哇·阿旺桑波敬献哈达，僧人们提香炉、持宝伞，迎接习近平总书记。

宏觉寺这座千年古刹，在增进历代中央政府与藏传佛教联系方面发挥了重要的桥梁纽带作用，也见证了我们党的老一辈革命家关心推动民族工作和宗教工作的光辉历史。

历经沧桑，弦歌不辍。

习近平总书记参观了常设于宏觉寺的青海省民族团结进步教育基地展陈。

"要向老一辈革命家学习，把新时代党的统战工作、民族工作、宗教工作做得更好。"

国家观、民族观、历史观、文化观、宗教观，一座古寺映照出历史演进和变迁的规律。习近平总书记强调："要保护好这份珍贵的历史文化遗产，为铸牢中华民族共同体意识、促进民族团结进步作出新贡献。"

走出大殿，僧人们捧着哈达，欢送总书记。

习近平总书记深刻指出："以中国式现代化全面推进强国建设、民族复兴伟业，需要全国各族人民包括广大信教群众团结奋斗。希望青海藏传佛教界弘扬爱国爱教优良传统，促进宗教和顺、社会和谐、民族和睦，在中国式现代化进程中发挥积极作用。"

青海省委和省政府工作汇报会上，习近平总书记提到了位于果洛腹地达日县的查朗寺。

查朗寺，见证了五星红旗升起后果洛草原翻天覆地的变化，也承载着宗教界人士和信教群众对党的拥戴之情。70多年来，查朗寺始终弘扬光荣传统，把爱国爱教作为立寺之本。

"这对做好民族工作、宗教工作还是有启发意义的。"习近平总书记强调，"全面贯彻新时代党的宗教工作理论和方针政策，加强对宗教界思想政治引领"。

家园："社会治理的重心应该放在基层"

社区，城市治理的最小单元，上面千条线、下面一根针。

19 日下午，习近平总书记来到多民族聚居的银川市金凤区长城花园社区。

70 多年来，各民族联系的广度、深度前所未有，我国大散居、小聚居、交错杂居的民族人口分布格局不断深化。互嵌式的社会结构下，如何有序运行、和睦相处？百姓日子过得怎么样？

社区党群服务中心，一楼的便民服务厅、社区卫生站、爱心超市，二楼的"才艺堂"、舞蹈室，总书记挨个屋子看。

便民服务厅内，社区工作人员紧忙活。有的做社保，有的沟通妇联的事，有的正处理老兵热线，有的刚入户家访回来。

老家在哪里，学什么专业，在社区干了多久，收入怎么样，属于什么用工性质，下一步有什么打算……习近平总书记问得格外细。

"现在社区工作，和过去比怎么样？"

"中央发了减负文件之后，社区填报的表格少了，工作更聚焦了。"

"社会治理的重心应该放在基层，城市里社区为老百姓服务最直接。"总书记亲切地说，"一个社区像一个大家庭一样。看到社区的队伍比较稳定，工作热情很高，我还是比较放心的。社区党组织是党联系基层群众的神经末梢。社区党组织建好建强了，社区工作就有了主心骨。"

"才艺堂"里剪纸、刺绣、纳鞋垫，舞蹈室里的民族歌舞节奏欢快。一静一动，勾勒了社区老年人的美好生活。

"社区要总结经验、创新思路，把为居民群众的服务做深做细做到位，努力越做越好。让退休居民既要老有所养、老有所乐，又要老有所为。"

走在社区，阳光、绿道、楼房，处处是生机。汉、回、满、蒙、藏等各族群众在这里和睦相处。

居民赵守成，将总书记迎进家门。

"这都是回族的食品吧？"习近平总书记指着客厅茶几问。

"这是馓子，这是油香……"

屋里的气氛很是轻松。

从就业到收入，从医保到教育，总书记同一家人围坐在一起拉家常。

赵守成的孙子上五年级，一堆奖状里最耀眼的是年级跑步第一名。总书记肯定道："孩子要德智体美劳全面发展。"

社区居民听说总书记来了，都聚在了社区广场上。

总书记来到居民群众中间，亲切地向大家问好，现场气氛格外热烈。

"民族团结非常重要，我们五十六个民族要像石榴籽一样紧紧抱在一起。五十六个民族凝聚在一起就是中华民族共同体，中华民族是一个大家庭。我们共同奋斗，一起推进中国式现代化，实现中华民族伟大复兴！"

这些年，山高路远、严寒酷暑，习近平总书记一次又一次深入民族地区。

艰苦卓绝的脱贫攻坚战，总书记盯紧了民族地区、民族群众。2016年在宁夏考察，他曾"就地取材"比喻道："就像六盘山是当年红军长征要翻越的最后一座高山一样，让贫困人口全部脱贫，是我们全面建成小康社会必须翻越的最后一座高山。"

征途漫漫，而今迈步从头越。青海、宁夏这些地区的担子仍然不轻。

在青海省委和省政府工作汇报会上，习近平总书记强调："青海45个县市区，有42个脱贫县。巩固拓展脱贫攻坚成果这个任务要始终抓在手里，决不能出现成规模的返贫。在乡村振兴任务中整体推动。"

"安民可与为义。"做民族工作，习近平总书记格外强调为民情怀："要多办一些顺民意、惠民生、暖民心的实事，多解决一些各族群众牵肠挂肚的问题。"

2023年12月的积石山地震，灾后恢复重建的进度，总书记一直放在心上。这次来，他叮嘱要继续做好积石山地震灾后恢复重建工作，加强防灾减灾救灾能力建设。

发展："必须坚持有所为、有所不为"

高质量发展是新时代的硬道理，给资源富集的民族地区带来了挑战，也带来了无限机遇。

党的二十大后，每到各地调研，习近平总书记都在谋划部署中国式现代化的地方篇章怎么去谱写。把握战略定位、结合本地特点，既展所长，又聚合力。

这次对青海，总书记在汇报会上提出了四点要求，事关产业、生态、民生、民族，环环相扣、统筹兼顾。

统筹高质量发展和高水平保护，是中国发展到今天面临的一个大课题。对青海而言，长江、黄河、澜沧江从这里浩荡东去，哺育中华民族。三江源生态攸关民族安危。

听闻当地致力于"把青藏高原建设成为生态文明的高地"，习近平总书记指出："这就是你们最大的贡献。重中之重是把三江源这个'中华水塔'守护好，保护生物多样性，提升水源涵养能力。"

青海正着力培育现代化产业体系，清洁能源、盐湖化工、生态旅游、有机农畜、数字经济、生物医药等特色优势产业齐头并进。亘古的高原，借风光之势，将绿电外送范围拓展到15个省份。

汇报会上，总书记进一步明确青海产业"四地"建设方向："加快建设世界级盐湖产业基地，打造国家清洁能源产业高地、国际生态旅游目的地、绿色有机农畜产品输出地。"

2016年到青海考察时，习近平总书记专程去了趟盐湖，提出明确要求。这一次，当地负责同志汇报了新进展，依托储量居全国第一的盐湖钾、镁、锂资源，支撑新能源新材料产业发展，全国钾肥77%是青海提供的。

总书记强调："要着眼全国发展大局，充分考虑青海独特的资源禀赋。""不是什么都能做的，要有选择性地有所作为。必须坚持有所为、有所不为。"

发展是解决民族地区各种问题的基础。

来宁夏调研，距离上一次正好4年。年年都有新的成绩单。

自治区负责同志介绍了去年的规上工业增加值，"增长12.4%"。总书记问道："主要的增长点是什么？"

"新材料、新能源占大头。煤制油产量居全国首位，煤制烯烃产能占全国1/5；新材料连续3年实现30%以上增长。还建成我国西部算力和互联网交换'双中心'。"

宁夏葡萄酒"畅销40多个国家和地区"。习近平总书记询问："出口多还是内销多？"

"内销多，国内市场为主，也在积极拓展国际市场。"

总书记勉励他们说："要深入思考如何才能在竞争中持续发展。品牌塑造需要久久为功。一定不要有浮躁心理，脚踏实地去积累，酒好不怕巷子深。"

地处黄河"几字弯"，鎏金的九曲黄河给宁夏浇灌出千里沃野，这里却同时遭遇着缺水难题。

区里提起"与同处黄河流域的四川阿坝签订跨省区水权交易"，习近平总书记对此事饶有兴致，鼓励他们积极探索、规范推进。

"黄河宁夏段水质连续保持Ⅱ类进出，这个不容易，保持了7年！"宁夏生态还比较脆弱，发展中既要谋民生之利，也要保护好生态。总书记语气坚定："生态保护永远在路上，就像隔三差五要洗洗澡、扫扫地、擦擦桌子。生态保护哪能一劳永逸！"

团结依靠人，发展依靠人。每到一地，习近平总书记总是很关注党员干部的工作状态，也会有的放矢地勉励和提醒。

"真抓实学、善始善终。""安心工作、放手干事。"习近平总书记言简意赅指出："要以风清气正的政治生态引领形成正气充盈的社会生态。任何时候都有手电筒照不到的地方。新时代全面从严治党大见成效，还要一以贯之、坚定不移抓下去。"

《人民日报》2024 年 6 月 23 日第 1 版

各民族一起来实现
中华民族伟大复兴的中国梦

新华社记者

一部中国史，就是一部各民族交融汇聚成多元一体中华民族的历史，就是各民族共同缔造、发展、巩固统一的伟大祖国的历史。我们党自成立之日起，就高度重视民族工作，正确处理民族关系。

党的十八大以来，以习近平同志为核心的党中央提出铸牢中华民族共同体意识重大原创性论断，就民族工作作出一系列重大决策部署，推动我国民族团结进步事业取得新的历史性成就。各族儿女手挽着手、肩并着肩，为以中国式现代化全面推进强国建设、民族复兴伟业而团结奋斗。

举旗定向："铸牢中华民族共同体意识是新时代党的民族工作的主线，也是民族地区各项工作的主线"

西北大地，山河辽阔、风物壮美。各族儿女共同生活在这片美丽富饶的土地上。

2024年6月，习近平总书记赴青海、宁夏考察。围绕铸牢中华民族共同体意识这一主线，习近平总书记指出："民族团结非常重要，我们五十六个民族要像石榴籽一样紧紧抱在一起。五十六个民族凝聚在一起就是中华民族共同体，中华民族是一个大家庭。"

我们伟大的祖国，幅员辽阔，文明悠久，中华民族多元一体是先人们留给我们的丰厚遗产，也是我国发展的巨大优势。

进入新时代，民族团结进步事业迎来新的机遇，同时面临新的挑战。

看国内，各民族交往交流交融的广度深度前所未有，民族分布格局发生重大变化，如何顺应形势构建互嵌式社会结构仍需加强探索；

看全球，世界进入新的动荡变革期，正在经历大调整、大分化、大重组，不确定、不稳定、难预料因素增多。

面对新形势新挑战，习近平总书记深刻指出："实现中华民族伟大复兴的中国梦，就要以铸牢中华民族共同体意识为主线，把民族团结进步事业作为基础性事业抓紧抓好。"

这是高瞻远瞩的思想引领——

2014年5月，第二次中央新疆工作座谈会召开，习近平总书记鲜明提出"中华民族共同体意识"。同年9月召开的中央民族工作会议上，习近平总书记进一步强调"坚持打牢中华民族共同体的思想基础"。

此后，习近平总书记多次阐述铸牢中华民族共同体意识这一重大原创性论断。

2017 年，在党的十九大报告中，强调"铸牢中华民族共同体意识，加强各民族交往交流交融"；

2019 年，在全国民族团结进步表彰大会上，开创性提出以铸牢中华民族共同体意识为主线，"四个共同"的中华民族历史观；

2021 年，在中央民族工作会议上，把铸牢中华民族共同体意识上升到新时代党的民族工作的"纲"的高度，强调"所有工作要向此聚焦"；

2023 年，在内蒙古考察和在新疆听取工作汇报时强调"铸牢中华民族共同体意识是新时代党的民族工作的主线，也是民族地区各项工作的主线"；

…………

在引领新时代党的民族工作取得历史性成就的伟大实践中，习近平总书记把马克思主义民族理论同中国具体实际相结合、同中华优秀传统文化相结合，提出一系列新理念新思想新战略，形成了习近平总书记关于加强和改进民族工作的重要思想，成为新时代新征程党的民族工作履行新使命、完成新任务的思想武器。

这是情真意切的牵挂叮嘱——

习近平总书记动情地说："我多次同各族群众面对面交流，收到了各族群众许多来信。中华民族一家亲、同心共筑中国梦，这是新时代我国民族团结进步事业的生动写照，也是新时代民族工作创新推进的鲜明特征。"

在湖南湘西土家族苗族自治州十八洞村，习近平总书记首次提出"精准扶贫"理念；在四川大凉山腹地，总书记走进彝族贫困户家里，和村民代表、驻村扶贫工作队员围坐在火塘边，谋划精准脱贫之策；在内蒙古赤峰市河南街道马鞍山村，总书记走进四世同堂的"多民族之家"，同乡亲们亲切交流；在西藏，总书记指出"我们是一个中华民族共同体，要同舟共济迈向第二个百年奋斗目标"；在新疆，总书记强调"各民族大团结的中国一定是无往而不胜的，一定是有着光明未来的"……

从世界屋脊到天山南北，从西南山区到塞北草原，习近平总书记深入各族群众中间，倾听他们的心声，共话民族地区发展，推动中华民族共同体意识深入人心。

这是系统全面的工作实践——

2023年10月，习近平总书记在二十届中央政治局第九次集体学习时指出："铸牢中华民族共同体意识、推进新时代党的民族工作高质量发展，是全党全国各族人民的共同任务。"

不断加强和完善党对民族工作的全面领导，形成党委统一领导、政府依法管理、统战部门牵头协调、民族工作部门履职尽责、各部门通力合作、全社会共同参与的新时代党的民族工作格局……各级党委和政府坚持中国特色解决民族问题的正确道路，认真贯彻落实党的民族工作的各项方针政策，及时研究解决本地区本单位涉及民族工作的重大问题。

各级领导干部深入学习贯彻习近平总书记关于加强和改进民族工作的重要思想，提高做好民族工作的本领，为推进民族团结进步事业作出贡献。

《习近平著作选读》《习近平谈治国理政》等一系列重要著作民族文字版，推动党的创新理论走入和美村寨、抵达边境国门，成为各族群众深刻领悟思想伟力权威读本。

新征程上，以铸牢中华民族共同体意识为主线，新时代党的民族工作凝聚起强大合力，汇聚起磅礴力量。

团结携手："促进各民族像石榴籽一样紧紧拥抱在一起"

中国特色社会主义进入新时代，以习近平同志为核心的党中央统筹谋划和推进新时代党的民族工作，促进各民族像石榴籽一样紧紧拥抱在一起，推动中华民族成为认同度更高、凝聚力更强的命运共同体。

民生为本，各族群众生活迎来新面貌——

云南省贡山独龙族怒族自治县独龙江乡，习近平总书记牵挂的地方。

2014年元旦前夕，贡山县干部群众致信习近平总书记，报告了多年期盼的高黎贡山独龙江公路隧道即将贯通的喜讯，总书记接到信后立即给他们回信。

一年后，带着对贡山县干部群众尤其是独龙族乡亲们的惦念，习近平总书记在紧张的云南之行中抽出时间，把当初写信的5名干部群众和2名独龙族妇女专程接到昆明见面，指出："中国共产党关心各民族的发展建设，全国各族人民要共同努力、共同奋斗，共同奔向全面小康。"

独龙族2018年实现整族脱贫。独龙江乡党委写信报告喜讯，2019

年 4 月，习近平总书记高兴地回信，鼓励独龙族群众"脱贫只是第一步，更好的日子还在后头"。

如今，从新安装的新能源汽车充电桩，到覆盖全乡的 5G 信号，再到蓬勃发展的特色产业，"一步跨千年"的独龙族群众日子越过越好。

独龙族的巨变，正是各族群众走向美好生活的缩影。在宁夏，西海固群众的钱袋子一天比一天鼓；在内蒙古，拍短视频成为农牧区群众的新时尚；在贵州，多举措让易地扶贫搬迁群众在城市融入新环境……坚持以人民为中心的发展思想，各族群众的获得感、幸福感、安全感更加充实、更有保障、更可持续。

携手奋进，经济社会发展实现新跨越——

秋日里，雅鲁藏布江河谷中，拉林铁路上的复兴号列车呼啸而过。

2021 年 7 月，习近平总书记在西藏考察，来到川藏铁路的重要枢纽站林芝火车站，了解川藏铁路总体规划及拉萨至林芝段建设运营情况。总书记强调，"发挥科技创新的关键作用""你们规划很科学，全路段在推进，看了很振奋""'两路'精神要继续弘扬，敢打敢拼，一段一段拿下来。要做就做好"……

不仅是路。电网清洁能源总体占比超 90%，行政村通电率达到 100%，生态环保生活方式蔚然成风……在全国人民大力支持和西藏各族干部群众团结奋斗中，西藏步入发展最好、变化最大、群众得实惠最多的历史时期。

放眼民族地区，从水风光资源被充分利用转化为清洁能源，送往大江南北，到数字经济蓬勃发展、方兴未艾，成为产业新名片，再到一批批品牌产品走出国门、走向世界，民族地区高质量发展的底气更足、成色更足、信心更足。

亲如一家，民族团结进步呈现新气象——

大人们翩翩起舞，小孩子快乐嬉戏……傍晚时分，宁夏银川市金凤区长城花园社区新时代文明实践站前的小广场热闹起来。

"无论是端午节还是古尔邦节，我们社区里的居民都会带着各家特色美食，聚在一起庆祝。大伙儿像一家人一样其乐融融。"社区居民说。

各族群众共同生活的社区，既是安居乐业的温暖家园，也是凝聚各族群众、促进民族团结进步的有力纽带。

习近平总书记强调，要"不断拓宽各民族全方位嵌入的实践路径"。

中华一家，情深意长。新时代以来，各地推动建立相互嵌入式的社会结构和社区环境，"你中有我、我中有你"的格局不断巩固，以"互嵌"为导向，民族团结进步示范创建深入开展，拓展到企业、乡村、机关、社区、学校等，各民族交往交流交融三项计划深入推进，民族团结一家亲的佳话不胜枚举。

多元一体，中华文化不断焕发新活力——

形态各异的彩陶、出土自新疆的铜币……位于北京西长安街的民族文化宫里，铸牢中华民族共同体意识文物古籍展吸引八方来客。置身展厅，1500余件文物古籍穿越千年时光，见证中华民族在交往交流交融中不断发展壮大的历史脉络与中华文明绵延不断的生命力。

"像石榴籽一样紧紧拥抱在一起""中华民族大家庭血脉相连、命运与共"……留言簿上，每一句话都那么质朴真挚。

习近平总书记指出："文化是一个民族的魂魄，文化认同是民族团结的根脉。"

全国少数民族传统体育运动会和全国少数民族文艺会演搭建起各民族展示风貌、交流互鉴、情感交融的舞台；"中华民族共有精神家园建设主题文化活动"走进贵州、云南、浙江等地，通过群众喜闻乐见的形式推动各民族文化更加创新交融；各族少年儿童代表参加"石榴籽祖国行"主题队日、"向国旗敬礼"等系列活动，中华民族共同体意识根植心田……一系列务实举措，推动铸牢中华民族共同体意识工作更加有形有感有效，激发出中华文化的生机活力，构筑起中华民族共有精神家园。

共赴未来："全面建成社会主义现代化强国，一个民族也不能少"

2024年7月召开的党的二十届三中全会，擘画了进一步全面深化改革、推进中国式现代化的宏伟蓝图。全会《决定》提出："健全铸牢中华民族共同体意识制度机制，增强中华民族凝聚力。"

前程远大，未来可期。

"必须高举中华民族大团结旗帜，把推动各民族为全面建设社会主义现代化国家共同奋斗，作为新征程党的民族工作的重要任务。"习近平总书记的话铿锵有力。

推进新时代党的民族工作高质量发展，必须促进各民族广泛交往交流交融，汇聚各民族共同团结奋斗、共同繁荣发展的力量——

2023 年 12 月，在广西考察的习近平总书记来到南宁市良庆区蟠龙社区，指出"要从基层社区抓起，通过扎实的社区建设、有效的社区服务、丰富的社区活动，营造各族人民一家亲的浓厚氛围，把民族团结搞得更好"。

如今，在蟠龙社区，居民自发组成合唱团，每周都会聚在一起，带上自己民族的乐器，进行合唱练习。社区还开展了家庭共读、民族歌舞、育儿课堂等互动式、沉浸式活动，促进各族群众多来往、多交流。

交往交流交融，是增进民族团结、铸牢中华民族共同体意识、推进中华民族共同体建设的必由之路。

新征程上，要进一步推进各民族人口流动融居，创造各族群众共居共学、共建共享、共事共乐的社会条件，推动实现各民族在空间、文化、经济、社会、心理等方面的全方位嵌入，不断拓展各民族交往交流交融的广度深度，汇聚起各民族踔厉奋发、砥砺前行的强大合力。

推进新时代党的民族工作高质量发展，必须不断构筑中华民族共有精神家园，进一步增强中华民族凝聚力——

2022 年 7 月，在新疆考察的习近平总书记来到新疆维吾尔自治区博物馆。

数千年的文明瑰宝，璀璨夺目。习近平总书记深受触动："中华文明博大精深、源远流长，是由各民族优秀文化百川汇流而成。"

文化认同是最深层次的认同。站在新的历史起点上，精神家园构筑必须久久为功。

构建铸牢中华民族共同体意识宣传教育常态化机制，面向各族群众加强党的理论和路线方针政策教育，用共同理想信念凝心铸魂，深入培育和践行社会主义核心价值观；

深入实施红色基因传承工程，大力弘扬以爱国主义为核心的民族精神、以改革创新为核心的时代精神，深入挖掘各族群众感党恩、听党话、跟党走的生动故事，不断增强对中华民族的认同感和自豪感；

实施中华优秀传统文化传承发展工程，研究和挖掘中华传统文化的优秀基因和时代价值，树立和突出各民族共享的中华文化符号和中华民族形象，不断增强各族群众对中华文化的认同；

…………

一系列举措，顺应中华民族从历史走向未来、从传统走向现代、从多元凝聚为一体的发展大趋势，为铸牢中华民族共同体意识奠定了更加坚实的精神和文化基础。

推进新时代党的民族工作高质量发展，必须扎实推进实现共同富裕，让各族人民共建共享中国式现代化——

2023 年 6 月，习近平总书记到内蒙古考察。总书记强调："从全国来看，推动全体人民共同富裕，最艰巨的任务在一些边疆民族地区。这些边疆民族地区在走向共同富裕的道路上不能掉队。"

2024 年 4 月，习近平总书记主持召开新时代推动西部大开发座谈会强调："深入推进新时代兴边富民行动，加强边境地区基础设施和公共服务设施建设，发展边境旅游等产业，努力实现边民富、边关美、边境稳、边防固。"

中华民族是一个大家庭，一家人都要过上好日子。从全面小康到共同富裕，各族群众和民族地区"不能掉队"的信念与决心，一以贯之。

迈上新征程，要让各族人民实实在在感受到推进共同富裕在行动、在身边，让中华民族共同体更加牢不可破。

中华民族在各民族交往交流交融中铸就，中华民族伟大复兴也必将在各民族交往交流交融中实现。

站在新的历史起点，更加紧密地团结在以习近平同志为核心的党中央周围，坚持铸牢中华民族共同体意识主线，推进新时代党的民族工作高质量发展，各族儿女团结一心，必将汇聚起以中国式现代化全面推进中华民族伟大复兴的强大力量。

《人民日报》2024 年 9 月 27 日第 1 版

像石榴籽一样紧紧抱在一起

人民日报记者

非遗技艺展示、民族风情表演、充满地域特色的美食……走进位于北京蒙藏学校旧址的中华民族共同体体验馆，正在开展的2024年第三期中华优秀文化体验项目精彩纷呈。

"我们灿烂的文化是各民族共同创造的""各民族文化各美其美、美美与共"……传统月饼制作、河湟刺绣、民族歌舞等一系列沉浸式的观赏体验，让各地游客感受到中华民族的多元一体、中华文化的气度神韵。

党的十八大以来，以习近平同志为核心的党中央站在坚持和发展中国特色社会主义、实现中华民族伟大复兴的战略高度，紧紧围绕铸牢中华民族共同体意识这条主线，谋划部署新时代党的民族工作，推动我国民族团结进步事业取得新的历史性成就。

习近平总书记关于加强和改进民族工作的重要思想为以铸牢中华民族共同体意识为主线做好新时代民族工作，指明了方向、提供了遵循

习近平总书记在回信勉励普洱民族团结誓词碑盟誓代表后代时强调："各族人民都要把中华民族共同体意识牢记心间、融入血液，共守祖国疆土、共建美好家园，让民族团结进步之花越开越绚烂。"

中华民族共同体意识是国家统一之基、民族团结之本、精神力量之魂。

党的十八大以来，以习近平同志为核心的党中央着眼新时代民族工作面临的新形势新特点，深刻把握党和国家事业发展对民族工作提出的新任务新要求，谋长远之策、行固本之举，创造性提出"铸牢中华民族共同体意识"这一重大论断，作出一系列重要指示，形成了习近平总书记关于加强和改进民族工作的重要思想，引领民族工作在创新发展中迈上新台阶，推动民族团结进步事业取得了新的历史性成就。

从在第二次中央新疆工作座谈会上鲜明提出"中华民族共同体意识"，到在党的十九大上提出"铸牢中华民族共同体意识"并推动其写入党章；从在2019年全国民族团结进步表彰大会上强调"以铸牢中华民族共同体意识为主线做好各项工作"，到将铸牢中华民族共同体意识纳入新时代党的治藏方略、治疆方略，再到"把铸牢中华民族共同体意识作为新时代党的民族工作和民族地区各项工作的主线"……习近平总书记关于加强和改进民族工作的重要思想为以铸

牢中华民族共同体意识为主线做好新时代民族工作，指明了方向、提供了遵循。

从天山南北到西南边陲，从雪域高原到塞外草原，习近平总书记多次深入民族地区同各族群众广泛交流，在多个场合深入阐释铸牢中华民族共同体意识的深刻内涵和重大意义——

在内蒙古考察时指出，"铸牢中华民族共同体意识是新时代党的民族工作的主线，也是民族地区各项工作的主线"；

在青海果洛西宁民族中学考察时提出，"要把铸牢中华民族共同体意识作为学校思政课的一个重点"；

在宁夏银川市金凤区长城花园社区考察时强调："要不断铸牢中华民族共同体意识，把各族人民的心紧紧连在一起，把各方面的力量广泛凝聚到一起，共同推进中国式现代化，共襄中华民族伟大复兴的盛举。"

…………

思想的火炬，引领前进的步伐。实践证明，新时代我国民族团结进步事业取得历史性成就，根本在于有习近平总书记作为党中央的核心、全党的核心掌舵领航，根本在于有习近平新时代中国特色社会主义思想科学指引。

在以习近平同志为核心的党中央坚强领导下，各族群众以铸牢中华民族共同体意识为主线，团结一心、携手并进，政治上更加团结统一，经济上更加共富共享，文化上更加创新交融，社会上更加互嵌共融，生态文明上更加持续发展，"中华民族一家亲、同心共筑中国梦"成为新时代我国民族团结进步事业的生动写照。

各族人民对伟大祖国、中华民族、中华文化、中国共产党、中国特色社会主义的认同达到了前所未有的高度

每逢周一或重大节日，在新疆塔城市新城街道哈尔墩社区维吾尔族居民沙勒克江·依明家的小院里，总会举行一场庄严的升国旗仪式。

"国旗是国家的象征，看到国旗，就会想起伟大的祖国，大家的心就在一起了。"沙勒克江·依明说，在他 10 多年的坚持带动下，越来越多的人来到他家的小院里参加升国旗仪式，其中有附近的汉、维吾尔、哈萨克等多个民族居民，也有慕名而来的外地人。

习近平总书记强调，铸牢中华民族共同体意识，就是要引导各族人民牢固树立休戚与共、荣辱与共、生死与共、命运与共的共同体理念。党的十八大以来，紧紧围绕铸牢中华民族共同体意识这条主线，新时代党的民族工作和民族地区各项工作不断向纵深发展。

——将"中华民族"写入宪法，将"铸牢中华民族共同体意识"写入新修订的立法法、地方各级人大和政府组织法等法律，推动多个地方制定民族团结进步条例……铸牢中华民族共同体意识逐步被纳入法治化轨道。

——推广普及国家通用语言文字，树立和打造各民族共享的中华文化符号，推动铸牢中华民族共同体意识教育进教材、进课堂、进评价体系，将铸牢中华民族共同体意识教育融入国民教育、干部教育、社会教育之中……中华民族共有精神家园建设深入推进，为铸牢中华民族共同体意识奠定坚实的思想和文化基础。

——组织出版首部高等教育铸牢教材《中华民族共同体概论》，教育引导各族学生坚定"五个认同"，牢固树立"四个与共"的共同体理念。

"我热爱这片热土，这里不仅养育了我，还养育了阿爸以及像他一样的'国家的孩子'。"在内蒙古陈巴尔虎旗海拉图嘎查，护边员巴特朝格图自豪地说。

巴特朝格图的父亲曾是"三千孤儿入内蒙"的亲历者，"阿爸总说自己是国家的孩子，我们与各族同胞是相亲相爱的一家人"。嘎查里有地方失火，巴特朝格图发动牧民一起灭火；游客的汽车陷入泥地无法前行，他主动上前帮忙推车……多年来，巴特朝格图为维护边境持续安全稳定贡献了自己的一份力量。"这里有哺育我们的草原，有不同民族的亲人，我有义务做好巡边护边任务，守护好我们的共同家园。"巴特朝格图说。

党的十八大以来，围绕铸牢中华民族共同体意识，各地各部门制定政策规划，加强铸牢中华民族共同体意识教育，推进中华民族共同体理论体系建设，各族群众对中华文化更加热爱、更加自豪、更加自信，休戚与共、荣辱与共、生死与共、命运与共的共同体理念日益深入人心，各族人民对伟大祖国、中华民族、中华文化、中国共产党、中国特色社会主义的认同达到了前所未有的高度。

各民族共同团结奋斗、共同繁荣发展，共同向社会主义现代化迈进

"跟着共产党，阿佤人民唱新歌……"对着直播间的镜头，云南

211

普洱市西盟佤族自治县马散村党总支委员娜能笑盈盈地唱起歌来，歌声婉转。

在她运营的"西盟姐妹"直播间里，娜能向网友展示了一个现代化和美村寨的样子：翠绿的茶园、咖啡园错落分布，整齐划一的独栋双层小楼上红旗飘飘，观光栈道、工艺品展厅等旅游设施齐全，村民们跳起佤族舞蹈，自在奔放。

马散村的幸福生活，是中国各民族共同团结奋斗、共同繁荣发展，共创美好生活的一个缩影。

习近平总书记强调，全面建成社会主义现代化强国，一个民族也不能少。

党的十八大以来，党中央把加快少数民族和民族地区发展摆在全国改革发展全局中更加突出的位置，出台的政策措施之密集、扶持的力度之大前所未有，为民族地区发展注入勃勃的生机和活力，民族地区的面貌发生了历史性变化。

曾经泥泞的道路变成了干净整洁的硬化路、村民们通过易地扶贫搬迁从土坯房搬进了窗明几净的新居……这些年，四川凉山彝族自治州昭觉县三河村发生了巨大变化，从曾经的"穷窝窝"变成了美丽家园。

群山怀抱中的三河村是个典型的彝族村落，曾经受制于交通条件和产业结构等，经济社会发展滞后。"这些年来，在中央财政少数民族发展资金的支持下，路畅通了，产业发展起来了，村容村貌焕然一新，村民吃上了旅游饭，大家日子越来越美了！"三河村驻村第一书记刘国富高兴地说。

产业扶持、资金投入、易地扶贫搬迁、教育提升，一项项扶持政策扎实落地；生态饭、旅游饭、文化饭，致富渠道不断拓宽，民族地区现代化进程不断加速，为各族群众生产生活带来全方位的进步。

"大网电"点亮了位于帕米尔高原上的峡谷村庄；云南独龙江乡大山深处有了 5G 网络信号；鄂伦春族在党和政府的扶持下，走出"高寒禁区"，看病不愁……党的十八大以来，在党中央的亲切关怀和坚强领导下，420 个位于民族自治地方的贫困县全部脱贫摘帽，28 个人口较少民族全部实现整族脱贫。民族地区同全国一道打赢了脱贫攻坚战，实现了全面小康。

当前，民族地区教育、医疗、交通、水电等基本公共服务和基础设施建设更加健全、覆盖更加广泛、保障更加有力。各民族共同团结奋斗、共同繁荣发展，民族地区经济社会发展取得历史性成就，各民族共同向社会主义现代化迈进。

各族群众唱歌跳舞在一起，生活居住在一起，工作奋斗在一起，中华民族像石榴籽一样紧紧抱在一起

"壮家生来爱唱歌，这边唱来那边和，山歌声声伴酒喝，春夏秋冬都快乐，嗨嘹嘹啰……"广西南宁市良庆区良庆镇蟠龙社区，一阵阵悠扬的歌声从社区文体活动室传来，洋溢着欢快的氛围。

蟠龙社区常住人口 2.7 万人，社区内居住着汉、壮、瑶和仫佬等多个民族，其中少数民族人口约占三成，是个典型的多民族聚居社区。

"多元的民族文化在这里交汇交融，迸发出强大的活力。居民们

常常会带来侗琵琶、壮族八音等民族乐器，大家在演奏排练中其乐融融。"蟠龙社区党委书记刘雁琳说，社区积极为各族群众创造共居共学、共建共享、共事共乐的条件，各民族群众在社会生活上团结互助、相亲相爱的氛围更加浓厚。

民族团结是我国各族人民的生命线。各民族交往交流交融，是铸牢中华民族共同体意识、推动中华民族共同体建设的重要途径。

党的十八大以来，为顺应各族群众大流动、大融居的趋势，我国采取了一系列措施，从居住生活、工作学习、文化娱乐等日常环节入手，为各民族交往交流交融创造了良好条件——

促进各民族交往交流交融的相关政策持续出台，"各族青少年交流计划""各族群众互嵌式发展计划""旅游促进各民族交往交流交融计划"等持续开展，各民族交往交流交融的平台和载体不断丰富。

民族团结进步创建工作全面深入持久推进，2012年以来，全国已累计命名2055个民族团结进步示范区、示范单位，民族团结进步已经拓展到企业、乡村、机关、社区、学校等。

推动建立相互嵌入式的社会结构和社区环境，帮助少数民族群众融入城市，将他们纳入城市公共服务体系，提供其所需要的各项公共服务，依法维护其合法权益。

党的十八大以来，在党中央的坚强领导下，各族儿女在中华民族大家庭中手足相亲、守望相助，各族群众交往交流交融的深度和广度前所未有。

在云南大理白族自治州洱源县三营镇郑家庄，汉、白、彝、藏、纳西、傣、傈僳7个民族在这里和谐共居、亲如一家，成为远近闻名的一道风景线；

在贵州黔东南苗族侗族自治州台江县台盘村，"村BA"成为各民族交往交流交融的大聚会；

在青海西宁市城西区文汇路街道文亭巷社区，各民族和睦相处、和衷共济、共同发展，留下不少民族团结的佳话……

团结在以习近平同志为核心的党中央周围，各民族人心归聚、精神相依，形成人心凝聚、团结奋进的强大精神纽带。在携手并进、共同迈向现代化的征程中，各族群众打造了东西部对口扶贫协作帮扶的"闽宁模式"，演绎了广东珠海与云南怒江对口帮扶、守望相助的"江海情深"，对口援疆、对口援藏中更是结成数不清的"亲戚"、留下无数感人的故事。

汉族离不开少数民族，少数民族离不开汉族，各少数民族之间也相互离不开，各民族相互了解、相互尊重、相互包容、相互欣赏、相互学习、相互帮助。各族群众唱歌跳舞在一起，生活居住在一起，工作奋斗在一起，中华民族像石榴籽一样紧紧抱在一起。

一部中国史，就是一部各民族交融汇聚成多元一体中华民族的历史，就是各民族共同缔造、发展、巩固统一的伟大祖国的历史。中华民族在各民族交往交流交融中铸就，中华民族伟大复兴也必将在各民族交往交流交融中实现。各族人民团结一心、并肩奋斗，推动中华民族成为认同度更高、凝聚力更强的命运共同体，正朝着以中国式现代化全面推进强国建设、民族复兴伟业的宏伟目标奋勇前进。

《人民日报》2024年9月27日第3版

长城对中华民族共同体意识形成的历史影响

王绍东

　　说到长城，我们自然会想到连绵起伏的墙体、雄伟壮丽的关隘；想到驻守的将士、征战的健儿；想到"万里长城永不倒""不到长城非好汉"的诗句。可以说，长城集实体形象、人文情怀、精神内涵于一体，是中华民族的代表性符号和中华文明的重要象征。

　　长城最早修筑于春秋战国时期，铁器的使用和牛耕的推广使土地开垦能力得到极大提高，中原政权向北方农牧交错地带推进农耕生产方式；与此同时，游牧民族则时常以马上骑射的方式对农耕地区进行侵扰。为阻止游牧骑兵南下，各个时期的中原政权大多不约而同在农牧交错地带修筑长城，目的是将农耕民族与游牧民族适度隔离，维护相互间的生产秩序，降低战争风险。所谓："天设山河，秦筑长城，汉起塞垣，所以别内外，异殊俗也。"但在客观上，长城却使农耕民族与游牧民族间的交往距离进一步拉近，经济、文化上的互补性日益增强，彼此间的交流往来更加密切，为中华民族多元一体格局形成奠定坚实基础。

长城强化了农耕民族与游牧民族的经济互动和依存

自战国秦汉以后，各个政权修筑的长城主要位于农牧交错带。游牧民族"逐水草迁徙"，产品的单一性和不易保存性使他们需要得到来自农耕地区的粮食、手工业品及酒曲、茶叶等产品。同样，从游牧民族那里得到牛、马等大牲畜和畜产品，也有利于中原政权提高农业生产效率和军事实力。农耕民族与游牧民族之间这种强烈的相互依存性与互补性，使长城内外各民族间始终保持着频繁的贸易往来，并呈现出不断发展壮大的趋势。

在长城修筑前，农耕民族与游牧民族间的贸易往往呈无序的自然交流状态，由于没有固定时间和固定地点，交易常常难以完成。游牧骑手携带畜产品来到农耕地区，随时有可能将贸易转换成掠夺。长城修筑后，这种贸易在西汉初期转换成关市的形式。汉朝与匈奴订和亲之约，就包括了开放关市的规定。《史记·匈奴列传》记载，"孝景帝复与匈奴和亲，通关市，给遗匈奴"。《后汉书·孔奋传》记载："时天下扰乱，唯河西独安，而姑臧称为富邑，通货羌胡，市日四合，每居县者，不盈数月辄致丰积。"有序的关市贸易，不仅使姑臧成为"富邑"，而且使这里的居民有了更多发家致富的机会，为长城地带的经济发展注入了新的活力。

魏晋南北朝时期出现了民族大迁徙、大交融的局面，长城内外各民族间的互市贸易更加频繁。柔然与北魏之间通过朝贡的方式交易物资，北朝用马匹换取南朝的香料，北魏在洛阳设置"四夷馆"安置周边各族及中亚、拜占庭来华的商人。隋唐时期，长城地带的"绢马贸易"和"茶马贸易"规模宏大，满足了双方的互补性需求，"彼此丰足，皆有便宜"。辽宋夏金元时期，北方民族建立地方和大一统政权，方便并活跃了长城内外经济文化交流。明朝与蒙古之间通过朝贡贸易和互市贸易交流物资，在长城的关口之处多设置马市，许多马市如大同、张家口等发展成为北方地区的重要城市。到了清朝，旅蒙商人活跃于长城南北，全国商贸网络基本形成。

从历史上看，长城的修筑非但没有隔断游牧民族与农耕民族之间的经济联系，反而强化了两种经济形态的互补性和相互依存性。长城内外各民族之间的贸易呈现加速发展的趋势，经济互动必然会带来文化交融和情感沟通，这也成为中华民族共同体形成和发展的物质基础。

长城推动了统一多民族国家的形成和发展

农业生产的持续进行需要稳定的、有秩序的社会条件。为了更好地抵御游牧民族的冲击，中原农耕民族需要加强整体力量，建立大一统的王朝。自战国时期开始，秦赵燕政权不约而同地在北方地区修筑长城，就是为了对付游牧民族的骑兵南下，将游牧民族的活动范围限制在长城以北，更好地保护农耕文明。而长城的修筑，增强了农耕民族的凝聚力、向心力，推动了长城以南地区统一中央集权王朝的建立与巩固。

长城的修筑在促进中原地区团结与统一的同时，也促进了长城以北地区游牧民族的交融与统一。长期以来，北方地区存在众多的混合经济部落，这些部落各自为政、互不统属。为了防止对草场的争夺造成部落间的战争，需要建立统一的政权来划分草场资源和确定不同部落的迁徙转移路线。同时，长城的修筑阻隔了游牧民族南下的通道，游牧民族为了突破长城的防线，也需要凝聚成集体的力量，统一广大北方草原地区的匈奴政权就是在这种情况下应运而生的。

长城南北的各自统一，又为全国范围大一统格局的形成创造了条件。费孝通认为："中国历史上长期存在过的两个统一——农业区的统一和游牧区的统一，终将形成混同南北的一个大统一，这是中国历史发展的必然性所决定的。"

而与在北方地区修筑长城相伴的长城道路交通网建设，则进一步强化了多民族统一国家的形成和认同。长城道路交通网包括平行道、丁字道和十字道三种形式，分别起到了将长城沿线连为一体、从内地为长城提供物资军需援助、为长城内外各民族交往建立通道的作用。长城道路交通网建设的初衷是为了更好发挥长城军事防御作用，但从客观上看，首先加强了中原各个地区的联系与往来，将中原地区更加紧密地连接为一个整体；其次加强了农耕民族与游牧民族的联系、交流与往来，这种作用在历史上一直得到了发挥。从某种程度上说，道路是"更加坚固的长城，它的手段不是阻遏，而是融通和化解，因而它建立的秩序更加稳固和长久"。长城的修筑，促进了长城南北的道路交通网建设；道路交通网的建设，则促进了各地区之间的经济交流与贸易往来；经济的交流与贸易的往来，又进一步促进了社会的整合和文化的交融，强化了"长城内外是一家"的民族认同。

长城促进了各民族间的文化认同与情感亲近

历史上，尽管长城内外的农耕民族与游牧民族间有矛盾、冲突甚至战争，但更多的时间是和平相处、文化交融。农耕民族与游牧民族间碰撞交融、频繁互动、相互学习，由多元走向一体。

长城以北的游牧民族之所以千方百计地进入长城以南，虽然主要是由经济与环境因素导致的，但也有其对中原文化钦慕的原因。仰慕中原文化、主动学习中原文化，成为北方各游牧民族的共同追求。历史上许多游牧民族跨越长城在中原地区建立政权后，不约而同地学习中原文化，将儒家文化视为正统。中国历史上第一个建立强大游牧政权的匈奴，与中原王朝之间就经历了对抗、和亲、内附、融合于华夏的过程。而农耕民族与游牧民族之间的文化借鉴从来不是单向的。历史上也有不少农耕民族学习借鉴游牧民族优秀文化传统的例子，如赵武灵王胡服骑射的改革等。

在中国古代文献中，也不乏长城内外各民族同源共祖的记载。匈奴是夏人的后裔，鲜卑是黄帝的子孙。南北朝之后，黄帝几乎被塑造成北方各族的共同祖先。各个民族通过祖先认同，意在消除民族间的隔阂，强化彼此间的认同。隋唐的帝王流淌着鲜卑族的血脉，他们的观念更加开放、更强调民族平等性。唐太宗曾对臣下表示："自古皆贵中华，贱夷狄，朕独爱之如一。"清朝的建立，将中国的统一推进到新高度。康熙强调长城内外各族是一家，"满洲、蒙古、汉军、汉人毫无异视，一以公正处之"。他认为应该废止长城的修筑，民众一心与民族和睦是更坚固的长城。

近代以来，随着冷兵器时代的结束，长城的军事防御作用削弱，其精神价值则进一步凸显。20世纪30年代，面对日本帝国主义的入侵，中国军队在长城沿线展开了顽强抵抗，与日本侵略者殊死搏斗。1933年4月在《时事月报》刊登的一幅名为《只有血和肉做成的万里长城才能使敌人不能摧毁》的插画，描绘一个巨人般的战士紧握步枪，跨过低矮的城墙，冲向前方。1935年，由田汉作词、聂耳作曲，为电影《风云儿女》创作的主题歌《义勇军进行曲》，把长城作为中华民族英勇不屈的精神特质融入其中。"起来，不愿做奴隶的人们，把我们的血肉筑成我们新的长城！"长城精神激励着中华儿女团结一心、浴血奋战，并最终取得了抗日战争的伟大胜利，使中华民族再次屹立于世界的东方。自此，作为中华民族的代表性符号和中华文明的重要象征，长城更加深入人心。

长城蕴含了追求和平、维护秩序、凝聚民心、和谐共处的多重寓意。放眼历史长河，长城地带不同民族、不同生产方式、不同制度与文化间的碰撞交融、频繁互动，由冲突渐趋融合，呈现出一幅壮美生动的、由多元走向一体的民族融合画卷。长城内外各民族的交往交流交融，既为中华民族共同体的形成和壮大注入生生不息的力量源泉，也是中国统一多民族国家形成和发展的生动写照。

《学习时报》2024年6月28日第8版

以共同审美实践增强中华文化认同感

李　安

　　中华大地上曾经生活着如匈奴、鲜卑、羯、氐、羌、突厥、党项、契丹、女真等数量众多的少数民族，这些民族在与汉族漫长的交往交流中不断融合，成为中华民族共同体的一员。在民族融合过程中，文化认同无疑起到了至关重要的作用。植根于不同民族文化土壤中的中华文化，是各民族人民在长期的审美实践中共同创造、精心培育、不断发展所形成的多元一体文化。

　　书法艺术衍生于汉字，是中华文化中极具辨识性的璀璨明珠之一。书法艺术就是各民族共同审美实践的产物，在不同历史时期，书法推动了各民族人民对中华优秀传统文化的认同。在书法史上占有重要地位的魏碑，就发源于鲜卑族建立的北魏。历史上，以北魏孝文帝拓跋宏为代表的统治者，深深折服于汉文化的博大精深，于是在其王朝推行着汉服、说汉语、写汉字，最终诞生了魏碑这一与帖本书法不一样的、刚健险峻、豪放质朴的书体。魏碑艺术是汉文化与鲜卑文化融合的典型，是汉民族与鲜卑民族共同审美实践的结晶。此后，魏碑与以"二王"为代表的帖本书法相互影响融合发展，共同促成了唐楷法度的形成。"南帖北碑"因此成为中国书法艺术的两面旗帜。类似的还有在云南曲靖发现的《爨宝子碑》（刻于405年）和在云南陆良发现的《爨龙颜碑》（刻于458年），这两块碑的所在地是"爨人"所在的区域，其创作者是彝族。彝族人学习汉字书法与鲜卑族不同，别开生面，丰富了碑体书法内涵。

元清两个朝代的人民也在共同的审美实践中推动书法艺术发展。元朝建立不久，忽必烈即命程钜夫寻找"遗逸"，程钜夫开列的名单上，第一位即是书法家赵孟頫。在赵孟頫等人影响下，元朝出现了如契丹族耶律楚材、蒙古族康里巎巎等优秀少数民族书法家。清朝的统治者自小就接受汉文化教育，对书法尤其喜爱。如乾隆一生广泛搜罗名帖法帖，将他最喜爱的帖子藏于"三希堂"，以至朝廷内外，都以写一手好的书法为荣。由此可见，在汉文化的影响下，长期以来，不同民族对书法的审美实践共同推动了书法艺术的发展，也不断增强各民族对中华文化的认同，促进了民族大融合。

那么，何谓审美实践？审美实践是指人们有目的地欣赏美创造美的过程，是人类社会实践的组成部分。黑格尔在《美学讲演录》中提出，通过审美实践，"人把他的环境人化了"，"而且就在这实践过程中认识他自己"，在自己实践中"复现""证实"自己，形成了具有能动性的审美关系。

与书法一样，唐诗也是不同民族共同审美实践的产物，是特定时代中华民族融合的文学产物，也是中华文化共同体的艺术创造。

　　作为中国古典诗歌的杰出代表，唐诗整体上对刚健质朴的北朝文化、清新流丽的南朝艺术、热烈绚烂的域外文明兼收并蓄。唐代文化胸襟博大，出现了"胡越一家，自古未有"的局面。唐太宗李世民说："自古皆贵中华，贱夷狄，朕独爱之如一。"唐玄宗继承了唐太宗开放的文化政策，民族文化交融由中原拓展到江淮流域和天山南北地区之外，与中亚、南亚和东亚各国也进行频繁的交往。唐初魏征提出了"江左宫商发越，贵于清绮；河朔词义贞刚，重乎气质。气质则理胜其词，清绮则文过其意。……若能掇彼清音，简兹累句，各去所短，合其两长，则文质彬彬，尽善尽美矣"的文学主张，这一愿景在唐诗中得以实现。唐之前及初唐民族不同地域文化的接触、碰撞、交汇，成为唐诗构建中华文化共同体的一大前提。

　　梁启超曾说，"产生出一种异彩"的诗歌是"经过一番民族化合以后，到唐朝才会发生。那时的音乐和美术，都很受民族化合的影响。文学自然也逃不出这个公例"。美国汉学家谢弗所著的《唐代的外来文明》一书中就记载了多种唐朝的外来物品，这些外来的风物、民俗、艺术、在唐诗里随处可见。如王翰诗"桑女淮南曲，金鞍塞北装"提到了汉人着胡服，岑参的"君不闻胡笳声最悲，紫髯绿眼胡人吹"，王建的"城头山鸡鸣角角，洛阳家家学胡乐"分别写到胡人、汉人奏胡乐的情状，李白《少年行》《送裴十八图南归嵩山》等诗篇既呈现了胡姬这一特殊民族形象，也生动展示了胡人在汉地的产业形态。至于葡萄这一当时代表性外来物产，在唐诗中更是屡见不鲜。在对外文化传播中，唐诗所蕴含的价值观念成为海外华人与中华文化密不可分的精神与情感的纽带。

不仅仅是书法和唐诗，千百年来，音乐、舞蹈、建筑、服饰等几乎所有艺术与日常生活的审美实践，无不包含各民族人民在交往交流交融中的彼此学习和吸收包容。中华文化植根于各民族文化土壤，之所以成为中华民族共同的根脉和基因，是因为中华文化是各民族人民共同创造的。

新中国成立以来，在党的民族政策引领下，民族团结、民族融合进一步加强，中华民族共同体意识进一步提升，这一成就得益于各民族共同的审美实践。尤其是新时代以来，在传统文艺的基础上，基于数字技术和网络传播进行内容生产和美的创造，使得影视动漫、网络文艺等新文艺形态得以迅猛发展，虚拟美学与现实主义、浪漫主义并存，各族人民以共同的审美实践，以新的媒介形态拓展了审美空间，推动中华优秀传统文化创造性转化、创新性发展，为铸牢中华民族共同体意识提供了面向未来的时代内容。

中华民族从历史走向未来、从传统走向现代，多元一体的文化认同始终是根脉与魂魄。

《学习时报》2024 年 10 月 18 日第 6 版

推动通用语言文字
从"基本普及"到"全面普及"

刘朋建

国家通用语言文字是在中国统一的多民族国家、中华民族和中华文明多元一体格局形成发展的过程中，在各民族长期交往交流交融、共同选择使用的基础上，不断吸纳各民族语言文字的知识智慧，不断巩固、发展和确立形成的，是各民族共享的中华文化符号和中华民族形象之一，体现各民族对中国这个共同家园、中华民族这个共同身份的认同，是维系国家统一、民族团结的重要基础和纽带，也是推动国家建设和治理的重要工具。

从铸牢中华民族共同体意识的层面来说，推广普及国家通用语言文字，有利于不断夯实铸牢中华民族共同体意识的政治基础、经济基础、社会基础和文化基础。

推广普及国家通用语言文字，有利于增强各族群众对伟大祖国、中华民族、中华优秀传统文化和中国特色社会主义的认同，牢固树立休戚与共、荣辱与共、生死与共、命运与共的共同体理念。目前，我国已形成以宪法规定为统领，以法律、地方性法规、规章等不同层级法律规范为一体的国家通用语言文字法律制度体系，推广普及国家通用语言文字，是落实全面依法治国战略、深化依法治国实践，推动宪法和国家通用语言文字法等法律法规全面贯彻实施的必然之义，同时保证全面准确及时传递党中央声音，确保党中央政令畅通，把各族干部群众的思想和行动统一到党中央决策部署上来。

推广普及国家通用语言文字，是提高沟通交流效率和质量的重要途径。构建全国统一大市场、中华民族统一经济体，必须实现生产生活要素的顺畅流动，形成现代化发展理念、先进生产技术和文明生活方式，推动区域经济社会协调发展、高质量发展，使各地区更好地融入新发展格局、国家发展大局，在经济上更加紧密地连在一起、融为一体，这些目标的实现，都建立在良好的国家通用语言文字环境基础之上。

推广普及国家通用语言文字，是促进各民族深化交往交流交融，增进各民族之间的尊重、理解和包容，促进各民族和谐共处、手足相亲、守望相助，构建互嵌式社会结构和社区环境，推动各民族全方位嵌入，像石榴籽一样紧紧抱在一起的需要。各族群众在熟练掌握国家通用语言文字的基础上，学习科学文化知识、提高学习能力和劳动技能、获取各方面最新信息，进而实现人的全面发展，实现共同富裕目标，最终实现各民族共同团结奋斗、共同繁荣发展。

推广普及国家通用语言文字，有利于中华优秀传统文化在更广泛的范围内传承传播，不断增进各民族对共同创造的中华文化的认同，不断增进各民族文化互鉴融通，构筑中华民族共有精神家园，凝聚起实现中华民族伟大复兴的强大精神力量。促进民族地区教育、文化事业发展，提高教育质量和水平，加快建设高质量教育体系，丰富各族群众精神文化生活，增强文化自信，都有赖于国家通用语言文字的推广普及。

新中国成立后，党中央全面把握我国基本国情、语情和经济社会发展需要，把语言文字工作摆在新中国建设的重要位置，确立党和国家的基本语言政策制度，明确语言文字工作的主要任务，部署推进简化汉字、推广普通话、制定和推行汉语拼音方案，在全国范围内积极地、有计划有步骤地扫除文盲，帮助数以亿计劳动人民摆脱文盲状态、学会普通话和规范汉字，实现在文化上的翻身，为新中国各项事业的建设和发展奠定了重要基础。改革开放以来，党中央统筹国内国际两个大局，深入推动国家通用语言文字的规范化、标准化、信息化、法治化建设，"国家推广全国通用的普通话"载入宪法，国家通用语言文字法公布施行，一系列国家通用语言文字规范标准发布实施，成功攻克汉字计算机输入输出难题，语言文字信息化取得重大突破，为加快我国教育、科技、文化事业发展，推进国家信息化发展，发挥了重要的保障支撑作用。党的十八大以来，我国继续加大国家通用语言文字推广力度，全面推行国家通用语言文字教育教学，推动国家通用语言文字推广普及高质量发展，实现国家通用语言文字在全国范围内基本普及、语言交际障碍基本消除的历史性目标，中华民族"书同文、语同音"的千年梦想初步实现，为我国全面建成小康社会、实现第一个百年奋斗目标发挥了有力助推保障作用，在新时代新征程上展现新气象、创造新贡献。

与此同时，国家通用语言文字虽然已经在全国范围内基本普及，但城乡、区域、群体之间推广普及不平衡，以及普及质量不高的问题依然比较突出。由于我国国家通用语言文字推广普及工作起步较晚、基础较差，在世界主要国家中，普及水平相对较低，与世界发达国家相比还存在明显差距。必须继续加大国家通用语言文字推广力度，加快提高普及程度、全面提高普及质量。

一是进一步加大研究和宣传阐释力度。全面深入宣传阐释好习近平总书记关于推广普及国家通用语言文字的重要指示批示精神和党中央决策部署，以及新时代国家通用语言文字推广普及方针政策和相关法律制度，促进国家通用语言文字形成发展、各民族语言文字接触融合的相关研究，加强语言文字使用情况调查、国家通用语言文字能力监测及分析研究，加强通用语言文字推广普及国际比较研究，不断提高国家通用语言文字推广宣传的针对性和实效性，从法理、学理、事理上讲深讲透，讲好中国语言文字和中华优秀语言文化故事。

二是坚持问题导向，聚焦重点、精准施策。从区域角度讲，民族地区、农村和边远地区是国家通用语言文字推广普及的重点区域，必须因地制宜、精准施策，加快提高民族地区国家通用语言文字普及程度，提升农村和边远地区国家通用语言文字普及质量。从群体角度讲，坚持聚焦学前儿童、在校学生、中小幼教师和青壮年劳动力等重点群体，因人而异、精准施策。对学前儿童，重点是提高他们的普通话学习兴趣、养成使用习惯，让他们在学前阶段就学好普通话；对义务教育阶段的学生，通过全面加强国家通用语言文字教育教学，全面推行使用国家统编教材，让他们达到熟练掌握和使用的程度，然后在高中和大学阶段循序提高应用能力和综合素养；对中小幼教师，重点是加强教学能力培训，提高他们的国家通用语言文字教育教学水平和质量；对青壮年劳动力，需要紧密结合他们的生产生活和学习实际开展培训，不断提高他们的国家通用语言文字交际能力。

三是坚持系统观念，统筹推进、巩固提高。围绕新时代新征程党的中心任务和"两步走"战略安排，立足我国现有发展基础和未来发展要求，系统规划国家通用语言文字普及发展目标，力争到2035年我国的国家通用语言文字普及率达到世界主要国家平均水平，到本世纪中叶普及率和普及质量在世界主要国家中居于较领先位置。同时，还要巩固好国家通用语言文字推广普及成果，全面提高普及质量，优化国家通用语言文字教育资源配置和服务供给，加强国家通用语言文字学习规律、教学规律和测评体系研究，建设适应全民终身学习要求的高质量国家通用语言文字教育和学习体系，建好用好数字化学习平台和学习资源，打造群众喜闻乐见的语言文化品牌活动，丰富人民精神文化生活。加大政策支持和条件保障力度，完善国家通用语言文字推广普及法律制度、东西部协作和对口支援等机制，加强对普及程度低和工作基础薄弱地区的帮扶支持。

《学习时报》2024年10月28日第5版